조풍연 시집

화성에서 온 꿈나무 오름

조풍연 시집

화성에서 온 꿈나무 오름

월간 순수문학 출판부

시는 쉽게 써야 한다

김용재
시인. 국제펜한국본부 이사장

시는 쉽게 써야 한다. 그래서 독자가 어렵지 않게 이해할 수 있어야 한다. 마침내 공감을 불러올 수 있어야 한다. 시를 이해하지 못하는 것은 물론 독자에게도 책임이 있지만 시인에게 더 큰 책임이 있다 할 것이다. 시는 시인만의 것이 아니라, 일단 발표하면 독자의 것이 되기 때문에 시의 공유면적을 확충하기 위해서는 이해하기 쉽고 억지로 꾸민 흔적이 없어야 한다. 그러면서 자유롭고 순수하고 아름답고 향기가 나야 한다. 그러니 시인은 어렵지 않은 언어, 아름답고 시에 알맞은 언어, 향기 있는 언어, 영혼의 언어… 그런 언어를 찾아 방황하며 고심하는 우리들의 연인이 되는 것이다.

조풍연 시인의 첫시집에 수록될 시편들을 읽으며 역시 쉽게 이해할 수 있는 시론의 단면을 제시해 보았다. 근접한 시 몇 편을 골라 보았다.

시오리 길 읍내로
걸어 오가던 산마을

봄바람 불면
다랑논 개구리 소리에
잠 못 이루었다

빛 바랜 옛집엔
공허한 세월이
이끼로 자라 무성하고

환하게 반기던 미소
어디 다 가시었나
복사꽃만이 피어 붉다

꽃잎 지는 연못엔
온통 하얀 이별의 춤사위다

- 〈옛집〉 전문

어디 하나 꾸밈이 없는 한편의 그림이다. 그리움이 사무치는 옛집의 정경이 시인의 가슴에 담기고 쉽게 공감을 불러오며 나의 가슴에도 담기고 너의 가슴에도 담긴다. 그러나 옛집은 과거의 소유이며 그리움만 현실의 가슴에 남아 있다.

과거와 현실 사이엔 끈질긴 인연의 연속 없이 이별이란 운명이 존재한다. 그 이별은 "온통 하얀 이별의 춤사위"로 형상화된다. 생각해 보면 시공간상의 이별은 일상의 반려처럼 다가오지만 생사로서의 일생의 이별은 운명 그 자체인 것이다.

이별 감각은 사랑, 그리움, 적막, 외로움, 쓸쓸함으로부터 고향 연모, 인연의 정서 등 꽃잎 지는 춤사위처럼 마음이 출렁이는 것이다. 시인은 특히 '하얀 이별'을 공시하였는 바 흰 것은 단순한 꽃잎 이상의 인생의 모습이나 생활의 현실이 암시되어 있는 것으로 파악할 수 있을 것이다. 다른 시편들에서도 흰색은 자주 드러나고 있다는 것을 알 수 있다.

· 화려했던 봄여름 날은/ 희끗한 머리 수만큼 걱정으로 스러져(세월)
· 별빛 하얗게 쏟아져 반짝이는(단풍놀이 가오)
· 흰 구름 여정 거친 날(칸나꽃)
· 하얀 빙화(빙화氷花)

- 지금 <u>흰 머리</u>(오누이 이야기)
- 별들이 <u>하얗게</u> 내리는(원두막)
- 무성하게 피어/ …<u>새하얗게</u> 반기거늘(산벚꽃)
- 이름 모를 <u>하얀</u> 별(한여름 밤의 추억)
- 더욱 <u>하얀</u> 바람꽃으로 피어나지요(바람꽃)
- 꽃잎 <u>하얀</u>/ 강물 되어/흐르는 아침(꽃잎)
- <u>하얀</u> 꽃잎 길은 어지러이 열려(내 뜨거운 봄아)
- 목련꽃 숨소리/ <u>하얗게</u> 피어나는 날(목련꽃)
- 바람 불면/<u>하얀</u> 얼굴/ 수줍게 들어내어(아카시아)
- 오가는 <u>흰 구름에</u>/ 휘이휘이/참새 쫓다가(아버지)
- 눈 오는 길을/ <u>하얀</u> 마음 안고/걸어 보면/ …<u>하얗게</u> 지워져서 좋아라 (발자국)

우연이든 의도적이든 시인의 흰색 관련 표현이 다른 색채보다 월등하게 많은 것은 예시의 시구에서 드러난 사실과 같다. 늙음, 덧없음, 성스러움, 아름다움, 낭만, 연모, 외로움, 순수, 깨끗함, 정화… 등 의미영역은 오히려 단순성의 단맛을 입에 넣어준다.

꽁지만 남은 몽당연필이
먼지를 잔뜩 뒤집어쓰고
길모퉁이에 누워 있다

누군가의 생각을
열심히 쓰고 그리고
이루게 했을 텐데

누군가의 원대한 꿈을
같이 고민하고
세워주었을 텐데

우리 인생도
몽당연필 같다

피터지게 살다가
쓸모가 다하면
스스로 버려 지고

열심히 살든
놀면서 살든
피장파장인데 말이다

– 〈몽당연필〉 전문

몽당연필은 누군가 쓰다 남은 초라한 토막 연필이다. 그런데 보잘 것 없는 이 몽당연필에 왜 그렇게 관심이 크고 정답게 의미를 부여할까. 어찌 보면 열심히 공부한 흔적 같기도 하고, 버렸지만 버릴 수 없는 심리의 중층구조가 숨어 있다는 생각도 불러온다. 그래서 연필깎이, 연필캡, 몽당연필홀더, 펜슬홀더 같은 학용품이 나왔는지 모른다. 그런데 시인은 이 몽당연필이 우리네 인생과 같다는 비유법을 장치하여 해학이나 풍자의 구조를 이끌어낸다. "열심히 살든/ 놀면서 살든/ 피장파장…"이라는 마지막 시구가 사회적 병리 현상을 질타하고 있다. 열심히 산 인생과 놀면서 산 인생이 별개의 다른 인생으로 그 모습을 보이지 않고, 서로 낫고 못함이 없이 똑같은 인생으로 나타나는 현상을 '피장파장'에서 읽을 수 있다. 별개의 다른 처지를 같은 입장에서 다루어야 하는 피장파장의 오류(?) 감정을 차용하여 피터지게 열심히 산 사람의 인생을 모순으로 빗대어 표현하고 있음을 알 수 있다. 이러한 해학이나 풍자는 비평의 칼날을 품고 있어 시 감상의 묘미를 더해준다.

〈네모〉〈질경이꽃〉〈인생은 색깔〉 같은 작품도 의미 있게 감상할 수 있으리라 추천에 넣는다. 특별히 이 시인은 공학박사이기도 하지만, 정보통신기술(ICT)의 전위적 실상을 시의 형식으로 투사하고 있다. 초월인재 육성의 기법 〈메타빌드METABUILD〉, 데이터를 통합 운영 관리하는 〈연계미들웨어MESIM ESB · APIG〉, 데이터를 다양하게 검색, 분류, 추천하는 〈데이터허브DATAHUB〉, 새로운 글쓰기와 연계한 〈AI플랫폼MAIAUTO LLM · MLOps〉, 실시간(Real Time)과 사실감(Reality)을 의미하는 〈디지털휴먼방송서비스R2MIX〉, 그리고 〈AI음악작곡서비스KEENEAT〉, 〈레이더교통돌발상황 · 교통검지기MESIM IDS · VDS〉, 〈디지털트윈 교통 · 도시통합플랫폼교통 · 자율차 · 드론 · 도시 · 빌딩 · 건설〉, 〈의료재활마이데이터 오퍼레이터 플랫폼PILLLUCK〉, 〈글로벌 디지털 초월제품인재〉, 〈숏폼Shot Form〉 등, 어찌 보면 문학 속의 시인지, 정보통신기술의 강의제목인지 혼란이 오지만, 현실인식이나 현실변화의 실상을 의미 있게 파악하고 수용한다는 의지로 보는 것이 좋을 듯하다. 그러면 과학의 내면을 투시하는 진취적 시대상과, 선진세계를 정복해 가는 시인의 선견지명에 박수를 보낼 수 있을 것이다. 다만 시는, 교육과 같지 않고 감성 계발의 명제에 충실한 정신의 지도자임을 확인해야 할 것이다. 여전히, 시는 쉽게 써야 한다. 첫 시집 출간을 축하하며 큰 시인으로 발전하길 빈다.

◆ 시인의 말

화성에서 온 꿈나무를 부단히 가꾸며 일 속에 묻혀서 사는 이의 순박한 달뜰 밭에 가끔 문득문득 찾아와 노니는 뜨거운 꿈틀거림이 바람에 홀린 사계의 풀꽃 나무 한 잎도 모두 시어가 되어 노래하고 춤을 춥니다.

초거대 자연어 인공지능 시대에 끊임없는 초월기술 경쟁에 진화해야 존재할 수 있고, 찾고 연결하고 엮이고 맺히고 아파하지 않고는 하나도 이루기 힘든, 돌아보면 일상의 숨 벅찬 것들로 모든게 하얗고 너무나도 씁쓸하고 허망한 일입니다.

매인 것들을 내려놓고 내면으로 들어가 보면 파란 하늘 흰 구름 떠 오가는 바다 초원이 온통 노을빛으로 붉게 물들여 가슴 벅찬 가슴은 금시 고운 금빛언어로 휘적여 옵니다.

거칠게 일구어 온 거칠고 헤어진 삶을 구성진 노래로 조금씩 끄적여 놓은 것들을 한여름 밤 여러 날을 고치고 다듬어 전시했던 작품 사진들을 모아, 시와 어우르는 삽화 사진과 함께 시집으로 출간하게 되었습니다.

빈약한 언어의 조율로 부끄럽고 혹독한 비판이 두렵지만, 드센 격정의 세월 속에 수많은 인연으로 스쳐 지나간 분들과 고마운 임직원, 도움 받은 SW·ICT 산업계 회장님, 고객님들에게 머리 숙여 감사의 마음에 이 시집의 감성적 나눔으로 조금이나마 전하고 싶었습니다.

아직 미진한 저를 시인으로 나서도록 이끌어주신 형님 조대연 시인님과 어릴 때부터 어려운 환경을 극복하고 성장하도록 꿈을 만들어주시고 힘이 되어주신 누님 조영덕 화백님에게 감사드립니다.

척박한 화성인의 삶을 일구어 오면서 꿈을 이루겠다고 마음고생 잔뜩 시킨 사랑하는 아내 김은정 님과 무너지면 오뚜기로 일어서고 다시 도전하도록 응원해 준 두 아들 조성훈, 조성인과 며느리 원진선 님에게도 고마움을 전합니다.

2023.12.07
시인 조풍연

화성에서 온 꿈나무 오름

논배미에서 자라는 자운영 풀 운명인지
어느 날인가 화성에서 온 꿈나무 하나가
내 몸속에 들어와 자라기 시작했어요

미숙한 이방인의 꿈나무는
이미 굳게 뿌리내린 거인 나무들에 포위되어
숨쉬기도 벅찬 광야에서 저 홀로 강건히 꿈을 키워왔지요

스스로 길을 찾아 길을 떠나
모진 비바람에 맞서 일어서 허물을 벗으며
더욱 큰 나무로 자라리라는 간절한 산고의 오름짓이

꿈나무 소원으로 하나씩 열리어
이제는 황금나무 꽃잎으로 무성해지고
향기 나는 꿈들이 환호하네요

저렇게 빠른 물살 시퍼렇게 흐르는 물길을
어떻게 거슬러 왔는지 아득하지만
바꾸지 않으면 아무것도 이룰 수 없는
모두가 너무 무섭고 진저리나는 길고 긴 투혼의 시간들이었지요

이젠 굵어진 꿈나무 오름은
하늘을 눈부시게 껴안은 잔잔한 호수로 깊어지고
숲 풀림 우거져 요정들의 날갯짓 힘차서
찬란하고 빛나는 사리꽃으로 활짝 피었네요

| 목차 |

- 서문/김용재 · 11
- 해설/정연수 · 280
- 시인의 말 · 16
- 서시 · 19

제1부 세월 속에 달구어 우려 온 것들

세월 · 28
옛집 · 30
등불 · 32
단풍놀이 가오 · 34
어머니 · 36
칸나꽃 · 38
구엄포 · 40
빙화氷花 · 42
오누이 이야기 · 44
원두막 · 46
시심마是甚麼 · 48
샛별 · 50
설날 · 52
바람 되어 · 54
산벚꽃 · 56
낙화 · 58
한여름 밤의 추억 · 60
눈물 · 62
바다 · 64
바람꽃 · 66

제2부 마음 샘 깊은 담쟁이덩굴 오름

꿈과 이상理想 · 70
담쟁이덩굴 오름 · 72
꿈나무 · 74
운동회 · 76
마음 샘 · 78
마음 · 80
정성심清浄心 · 82
바른 마음 · 84
내 당신을 사랑하오 · 86
좋은 날 · 88
복福 · 90
강문 해변 · 92
현재는 선물 · 94
청춘 · 96
마음 챙김 · 98
자유인 · 100
산란심 · 102
새옹지마塞翁之馬 · 104
인생은 색깔 · 106
꽃말 · 108

제3부 사계의 자연 울림

정情 · 112
가시려거든 · 114
꽃잎 · 116
홍매화 · 118
봄 · 120
내 뜨거운 봄아 · 122
목련꽃 · 124
봄비 · 126
아카시아 · 128
민들레 · 130
연꽃 · 132
황黃 단풍 · 134
억새꽃 · 136
단풍 · 138
가을 산 · 140
백일홍 · 142
고향 가는 길 · 144
함박눈 · 146
동짓날 · 148
격포의 추억 · 150

제4부 자운영 꽃밭에서 벌들의 숨바꼭질

질경이꽃 • 154
꿈 속에서 • 156
신녀神女 • 158
카네이션꽃 • 160
둑새꽃 • 162
정화수 • 164
자운영꽃 • 166
장날 • 168
아버지 • 170
불꽃놀이 • 172
달님 • 174
발자국 • 176
눈빛 • 178
당신 • 180
결혼 • 182
관계 • 184
꽃 무릇 • 186
철쭉 • 188
내가 가는 길 • 190
망각忘却 • 192

제5부 초월을 위한 몸짓

초월超越 • 196
초인 • 198
판단 • 200
연결Integration • 202
운명 • 204
진리 • 206
파괴 • 208
혼돈 • 210
성골게임 • 212
여명黎明 • 214
칼 • 216
당나귀 귀 • 218
호스슈 호수Horseshoe Lake • 220
시소게임 • 222
소유 • 224
행운 • 226
회수해야 할 때 • 228
습식 • 230
몽당연필 • 232
이룸 • 234

제6부 변하고 연결해야 존재할 수 있다

사업이란 · 238
전사戰士 · 240
음악가의 꿈 · 242
변하지 않는 것들 · 244
송구영신送舊迎新 · 246
돼지 꿈 · 248
늙는다는 것 · 250
네모 · 252
메타빌드METABUILD · 254
연계미들웨어MESIM ESB · APIG · 256
데이터허브DATAHUB · 258
AI플랫폼MAIAUTO LLM · MLOps · 260
디지털휴먼방송서비스R2MIX · 262
AI음악작곡서비스KEENEAT · 264
레이더 교통돌발상황 · 교통검지기MESIM IDS · VDS · 266
디지털트윈 교통 · 도시통합플랫폼교통 · 자율차 · 드론 · 도시 · 빌딩 · 건설 · 268
의료재활 마이데이터 오퍼레이터플랫폼PILLLUCK · 270
글로벌 디지털 초월제품인재 · 272
숏폼Short Form · 274
파란 것들 · 276
사랑한다는 것은 · 278

1부
세월 속에 달구어 우려 온 것들

세월

영원할 것 같았던
푸르른 날들로부터
까마득히 멀어져 온
나는 누구인가요

갈애渴愛로 지은 견고한 집이
무상無常 하기만 한데
어디로 가는 걸까요
진정 무엇을 찾음인가요
잃고 얻은 것은 무엇인가요
지금 이대로 누림 행복인가요

문득 뒤돌아보니
숱한 흔들림으로 그려 낸
빛 바랜 수채화가
온통 드리워 채색됨이네요

화려했던 봄여름 날은
희끗한 머리 수만큼 격정으로 스러져
황혼빛 저편으로 지고 있네요

옛집

시오 리 길 읍내로
걸어 오가던 산마을

봄바람 불면
다랑논 개구리 소리에
잠 못 이루었다

빛 바랜 옛집엔
공허한 세월이
이끼로 자라 무성하고

환하게 반기던 미소
어디 다 가시었나
복사꽃만이 피어 붉다

꽃잎 지는 연못엔
온통 하얀 이별의 춤사위다

등불

밝지 못한
마음 따라
끊임없는 화택火宅

아집我執 아상我想은
생멸生滅을 만들어
오고 가는가

어둠을 밝히는
하얀 영가 등불이여

부질없다
버려라 놓으라
바르라 한다

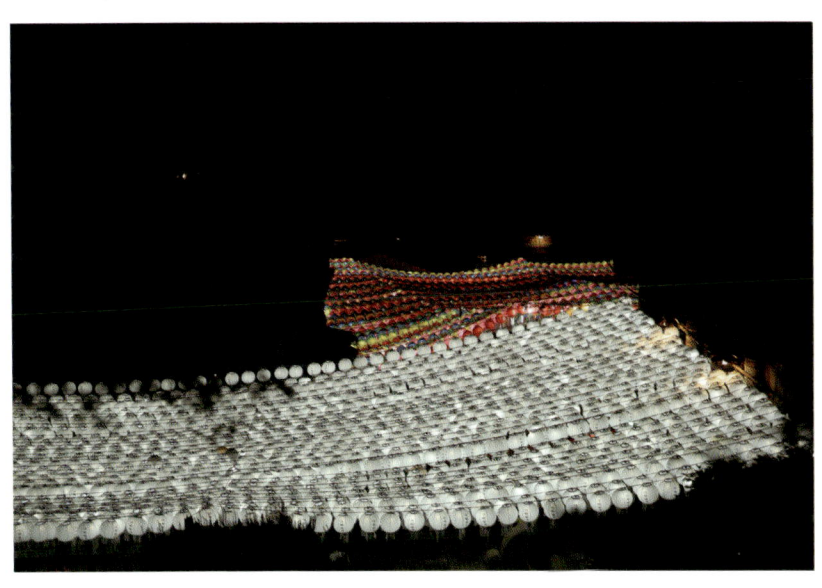

단풍놀이 가오

색동옷으로 갈아입고
곱게 치장한
저기 꽃단풍 가을 산을 보오

내 사랑하는 이의
따스한 눈빛 속에 촉촉이 물든
그리운 가슴앓이 같고

마지막 황혼의 절정인
노을빛으로 번지는
봄불같소

꽃단풍 다 지기 전에
그 동안 못다 한 날들을 접어
멋지게 단장하고 단풍놀이 가오

깊어가는 가을 산
고가 뒤뜰에
환하게 호롱불 밝히고

도토리 알 툭~툭 터져
낙엽 밟는 소리
별빛 하얗게 쏟아져 반짝이는
꽃단풍에 취해 보오

한시름 풀어 놓고
밤새껏 그 향에 취해 보오

어머니

노환의 칠년
영겁의 시간
기적 같은 삶을 살다

이승의 인연을
곱게 접고
가신 어머니

내일이면 스무여드레
마지막 거친 숨결로 가득했던
빈 침대 위에

덩그러니 놓인
자두색 베갯잇을 보니
울컥 쏟아지는 눈물

환하게 웃으며 반갑게
우리 아들 왔나!
맞이할 것 같은 어머니 모습

손수 가꾸시던 정원엔
나팔꽃 채송화
지천으로 피어 하늘거리는데

그리움으로 물든

노을빛 허전함이
산마루에 걸려서 붉네요

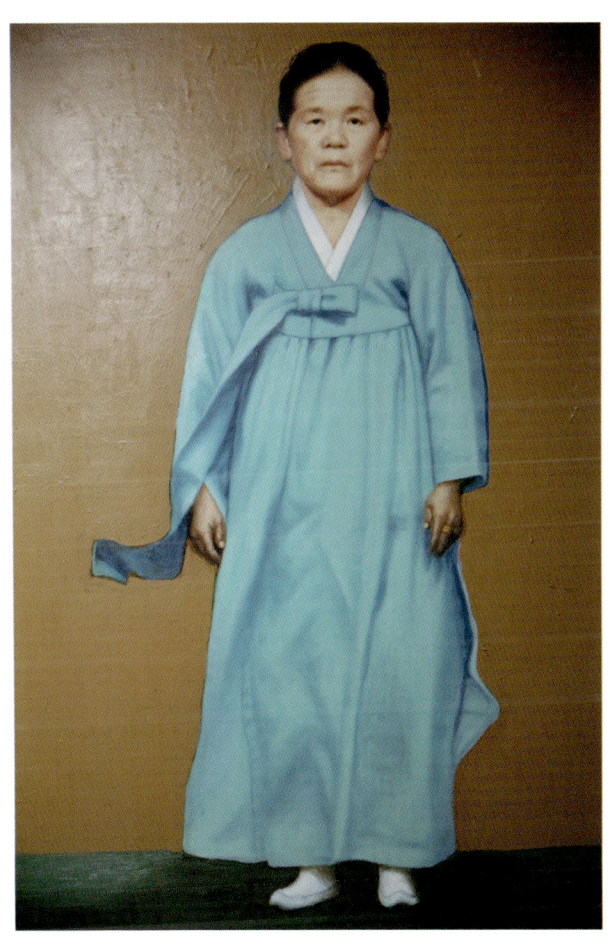

칸나꽃

먼산 봉우리에 외로 누워
잠시 쉬어 가는
흰 구름 여정 거친 날

하늘 끝이 깊어
파란 허공 속으로
금시 풍덩 빠져버릴 것 같다

풀꽃 내음 풀벌레 소리
무성한 들녘에 서면
알 수 없는 그리움의 바람개비는
저 혼자 팔랑거리고

빈 가슴에 맴돌다 맺혀
허허로운 외로움이
산마루에 가득히 걸렸다

끝내 공허한 줄을 알면서
여름 한 철 내내
뜰 앞에 피어

오늘도 저 홀로 붉게 타는
칸나꽃 연모심戀慕心은
어찌할 수 없는 홍연紅煙인가 보다

구엄포

수년 만의 외출
구엄포 해변의 까만 돌들에 새겨진 무수한 세월의 흔적들이
구름진 햇살에 그을려 반짝인다

돌담 다랭이 밭엔 감귤이
차가운 바닷바람을 잔뜩 머금고
가을 끝에 매달려 노랗게 익어가고 있다

잠깐 열어 논 마음 틈 사이로
대학시절 이맘때의 추억이 바람꽃으로 피어난다

선배의 쪽지 편지를 받고 설렘으로 달려간 자취방에
로미오와 줄리엣 음악이 흐르고
창가에 구름 달무리 가득했다

수줍은 눈빛으로 술잔을 들어
바다를 품은 갈매기의 꿈 이야기로
맑고 순수한 심장이 크게 멈춰 섰던
그 따스했던 까만 눈빛이

지금 인적 끊인 늦은 밤
포구의 텅 빈 카페의 거센 파도 소리 굵은 빗물에 맺혀
뜨거운 커피잔에 우려내는 추억으로 우린 만난다

검은 화강암에 부서지는 파도와 같이

인생이란 혼자 왔다가
반복되어 돌아가는 하얀 물거품이지만

범상했던 꿈도 긴 세월에 묻혀
우린 저만치 지친 눈동자 속에 까맣게 잊혀져간다

빙화氷花

물망초의 사랑이
중음中陰의
습濕이 되었나

바람 따라 훨훨 날아
정령이 깃든 고산高山의
빈 나목에 맺혀

시렵고 시렵게
환생한
하얀 빙화

파란 하늘을 이고
고고하게
환한 미소로 애태우다

햇살 끝에
금시 빛으로 산화하는
신기루

오늘도 바람 매섭게 일어서는
깊은 산 깊은 계곡을
휘돌아

어느 산마루에

피어서
산들거리고 있겠다

오누이 이야기

노을빛 머무는 산마을
논두렁길 타고
땅거미 밀려오면
대숲 찬바람 잦아들어

아궁이 장작불에
굴뚝 연기 피어올라
솥밥 내음 솔솔

별똥불이 떨어지는 시월
천방산 장수굴의 전설이
살아서 오는
오누이 이야기 정겨웠다

밤새도록 내린
뽀얀 이슬 기와지붕
후두둑 후두둑
상수리 알 문안에

홀로 문득 깨어
돌아누운 귀가에
샘물 같이 맑아라

지금 흰 머리
긴 세월을 돌아와 텅 빈 고가에

그리움만 가득해
눈물로 적시는 베갯잇

원두막

어린 시절
별들이 하얗게 내리는 고향 산밭엔
산 내음을 흠뻑 먹음은
풋풋한 산수박이 주렁주렁 열렸다

깊은 산중의 초가집 원두막
졸리운 호롱불을 켜고
밤새 지새우다 지친 노부는
적막함에 잠이 들었다

개똥불이 반짝이는 숲 속엔
도깨비불이 숨바꼭질을 하고
산신들의 속삭임 가득했다

밤새도록 찌르륵 찌르륵 풀벌레 소리
거슬러 갈 수 없는 그 여름밤의 추억인가
오늘 따라 구성지다

시심마 是甚麼

누군가가 말했던가
인생은 주인이 아닌 잠시 머물다 가는
나그네의 꿈꾸는 삶이라고

삶의 수많은 조우도
잠시 스쳐 지나가는 바람인 것을
어딘들 맘 둘 곳이 있나

서성이는 마음의 뜰 밭에
시심마 하나 밖에는
들여 놓을 것이 없다

샛별

수없이 많은 별들 가운데
이른 잠을 깨운 샛별 하나가
몇 해 전 우연히 나에게로 왔다

오늘도 총총히 반짝인다
뜨거운 체온
짙은 그리움의 목련꽃 순백으로

나의 젊은 추억들이
오래 전 나도 모르게
아주 먼 미지의 세계로 떠났듯이

우린 모두 그리움에 시려 아파하고
꼭 껴안지 못해 괴로워해도
결국은 별에서 와서 별로 돌아가는 것을

서로를 밝게 비춘다면
나는 너의 별이 되고
너는 나의 별이 되어

우린 영겁永劫 속에 살아 숨쉬는 것

수없이 많은 별들 가운데
유성 하나가 긴 꼬리를 물고
산등성이로 떨어진다

설날

그믐밤을 지새운
힘찬 장닭 울음소리에
설날 새 아침은 열리고

부뚜막 복조리 설복이
차례 상 음복에
주렁주렁 넘치는 날

때때옷 차려 입고
복주머니에
설복 가득 담아

복 많이 받으세요!
세배 마실 돌아
설복 나누어

따스한 눈빛으로
묵은 감정 씻어
새롭게 트는 날

꼬깃꼬깃한 할머니의
세뱃돈만큼
복도 커지고

모 나와라! 도 나와라!

던져진 윷놀이 운괘運卦 만큼
복이 커지는 날

복을 나누면 나눌수록
등불같이 커지는 날

바람 되어

무심코 가슴에 수놓아
애틋한 꽃잎으로 아로새긴
마냥 수줍은 추억의 별 밭에

달무리 잔뜩 들어서서
수~와
풀잎 흔들면

마술에 걸린 잠에서 깨어나
바람 되어 그때로
돌아갈 수는 없는 걸까요

눈 내린 어느 날
담벼락 모퉁이 길에서
스치듯 마주했던

가벼운 인사
초연한 눈빛만 덩그러니 남기고
영영 아주 멀어져 간

우리 꿈 속에서 무심히
바람으로 다시
만날 수 있을까요

산벚꽃

쑥국새 기다림으로
쑥국쑥국
봄은 다시 찾아와

산벚꽃
무성하게 피어
새하얗게 반기거늘

벚꽃 마음
하애질수록
봄 앓이 깊어가고

너를 좋아한다
말이나 해 볼 걸

무정한 봄날은
벌써 저만큼
하얗게 지고 있다

〈2023.3.1 3월호 월간 순수문학 통권 352호 2편 "산벚꽃", "낙화" 수록〉

낙화

봄꽃이 아침에 화들짝 피어
강물에 아롱대더니

한나절도 못 되어
하얀 절정을 거두고
애틋한 봄바람에 연연히 지고 있다

너는 떠날 때를 알면서
눈부시게 피어
미련 없이 훠이훠이 가건 만은

훗날 준비되지 않은
나의 이별은
깊은 정으로 애절하리라

봄꽃놀이 나루터에
인적은 끊이고

깊어가는 봄밤
샛강 너머 버들피리소리에
나만은 잠 못 들어라

한여름 밤의 추억

초가집 앞마당에 멍석을 깔고
허기진 논배미에 어둑어둑 땅거미가 서성이면
쑥 연기 모깃불 피우고

밭에서 방금 따온
싱싱한 상추쌈이 차려진 저녁상에
집식구들이 빙 둘러앉아
지친 하루를 달랬다

개똥불이가 마당을 밝히면
눈꺼풀이 잠기어 오고
덜러덩 드러누운 밤하늘은 별들의 잔치

이름 모를 하얀 별들로
가득 채워져
영웅들의 이야기로 반짝였다

시냇가에 아낙들의 미역 감는 소리 끊어지면
부엉이 울음소리에
한여름 밤은 이슥한 적막 속으로 빨려가고

변변찮은 밭떼기 놀릴세라
뙤약볕에 그을려
고단한 삶에 누렇게 베인 아버지

지금만 같아도
버팀목이 되었을 텐데
갈 수 있다면 그때로 돌아가고 싶다

2023 한국문인협회 시분과 사화집 집, "한여름 밤의 추억"

눈물

맷돌방아가 찧어 낸 소금이
녹아서 바닷물은 짜고
인간이 흘리는 눈물도 짠가 봅니다

복받친 감정이 눈물샘을 자극해
눈물을 흘리게 하고
흘린 눈물은 다시 바다로 갑니다

그래서 사랑해서 흘린 눈물은 달콤하고
슬픔의 눈물은 쓰고
분노의 눈물은 짠가 봅니다

눈물을 흘릴 수 있다는 것은
마음이 순수하고 맑기 때문이며
인간은 눈물이 많아 외로움을 많이 타고
둘이 되어야 바로 설 수 있는가 봅니다

타인의 아픔이나 슬픔에 손사래를 치며
일 미리의 동정심이나
눈물이 없는 매정한 사람도 있지만

따지고 보면 모든 존재는
서로 무한히 연결되어 있어서
서로 기대고 바라보고 같이 해야 만이
무언가를 이룰 수 있습니다

바다는 육지로 육지는 바다로
하나로 연결되어 흐르기 때문에
모든 생명이 호흡하며 살아갈 수 있고

우린 마음이 따스해 눈물샘이 마르지 않아
결국 흘린 눈물이 모여 바다로 돌아가기 때문에
눈물을 흘리는가 봅니다

2023 서울문학문인회 시화전 "눈물", "바다"

바다

신성한 바다는 태초의 생명을 열었고
무한한 생명을 숨쉬게 하여
우리의 생명줄이자 삶입니다

인간의 찌든 탐욕이 토해 낸
온갖 시꺼먼 오염물에 분노한 바다는
거친 파도로 일어서고
폭풍을 만들어 다시 되삼키기도 하지만

바닷물은 이 땅으로 와서
무성한 초록 나무숲을 만들고
하얀 꽃잎으로 다시 피어나게 합니다

태양 빛은 지평선을 넘나들어
푸른 하늘 하얀 구름을 숨쉬게 하며
그을린 이국의 황금색 노을빛으로 물들이고

밤이 되면 반짝이는 무수한 별들을
바다 속 깊이 품어냅니다

바다냄새 물씬 풍기는 포구에서
저 멀리 바위섬에서
바람 길 따라가 보면

지친 이들에게 푸른 낭만이 되고

이방인 누구라도 아낌없이 포옹하여
잃어버린 차갑고 헐거워진 눈빛을
따스한 노을빛으로 가득 채워 줍니다

바람꽃

나는 바람나라에서 와서
바위 틈새에 뿌리를 내리고
비바람이 세찰수록
더욱 하얀 바람꽃으로 피어나지요

아주 차갑고 시려울 수록
설산의 나뭇가지에 맺혀
깨끗한 얼음꽃으로 태어나고

나는 바람 날개를 달아 자유로이
산과 들 어딘들 갈 수 있어
뭣이든 보드라운 손길로 조우遭遇할 수 있어요

때론 폭풍이 되기도 하지만
풀잎에 닿아야 보이고
거친 파도로 일렁여 말하며
꽃잎으로 한들거리죠

난 바람꽃으로
뜨겁고 차갑게 흘러야 숨쉴 수 있고
끊임없이 움직이고 달려야만이 살 수 있어요

2부
마음 샘 깊은 담쟁이덩굴 오름

꿈과 이상理想

꿈은 상상이고
상상을 실현하기 위한 방법이
딱히 정해져 있지는 않습니다

꿈은 자신에게
스스로 마력을 걸어서
굵은 신념이 되게 하고

누구나 백지장에서 도전하여
조금씩 접근해 가면서
점차 확실하게 그려갑니다

시시각각 변하는 경우수로
예측하지 못한 운에 의하여
달라질 수 있지만

꿈은 축적된 노력의 결과로
꿈을 왕성하게 꾸고 행동하는 자가 크게 이루고
그 크기에 따라 더욱 멋진 삶을 살아갈 수 있습니다

꿈이 너무 커서 허황되면
자칫 유토피아적인 이상이 되어
자신을 망가뜨릴 수도 하지만

꿈과 이상은

변화할 수 있는 힘이고
미래를 바꿀 수 있습니다

담쟁이덩굴 오름

뭍 둠벙에서 자란 이심이는
철갑 비늘을 달고
구름타고 승천했다지요

나는 담장 밑에서 자란 담쟁이덩굴
억센 줄기 파란 잎새로
기댈 수만 있다면
담벼락 어딘들 거침없이 오를 수 있어요

나의 오름 꿈은
파란 심장을 달고
하늘 높게
뻗어 오르고 오르는 것이죠

나의 오름 꿈은
어떠한 시련에도 그 무엇도
멈추게 할 수 없어요

나는 담쟁이덩굴
파란 하늘이 그저 좋아
담벼락을 타고 하늘로 오르죠

꿈나무

애기 꿈나무를
마음 밭에
여러 개를 심고

남보다 힘차게
더 뛰고
땀 흘리어 가꾸면

어느 날인가는
노랗게 영글어
꿈이 현실이 되고

꿈나무 한 개가
두 개가 되고
열 개가 되어

꿈나무에 주렁주렁 달린
풍성한 꿈을
캘 수 있어요

꿈나무를 심을 때는
불가능하고
불확실해 보여도

꿈나무 마술은

신기하게도 누구에게나
꿈을 이루게 해 줘요

운동회

연녹색 치마저고리
곱게 차려 입으신 어머니 손 잡고
부푼 맘 달고 운동회 가던 날

운동장의 가을 하늘엔
대형 풍선 높게 날아
만국기 펄럭이고
천막장터 열려

백회가루 반듯하게 그어진 운동장은
누구나 달리고 싶은 날

온 동네가 도시락 싸고
아이들은 머리띠 메고
시끌벅적 들뜨던 날

청군 백군 나뉘어 겨루는
이어달리기 줄다리기 기마전
씨름판에 박 터트리기 공굴리기

코끼리 코 뻭뻭이 불어대고 목청 높여
청군 이겨라 백군 이겨라
짝짝 짝짝짝 영차영차

힘찬 함성에 웃음꽃 만발하고

뛰고 달리고
후끈히 달아오르던 날

난 마라톤 대회에 나가서 꼴치를 했지만
그래도 공책 받고
마냥 즐겁고 신나던 날

마음 샘

깊은 산 깊은 계곡
바위 틈새로
솟아나는 샘물은

바위 틈 물길을 타고
흘러서 걸러져
세속을 타지 않아
맑고 깨끗하지요

마음도 고요하고 깊어져서
맑고 걸림이 없으면
자유로운 영혼이 되어

환한 밝음
무한한 환희의 꽃을 피어
시공을 초월하지요

한 가닥 마음 끈을 놓치면
금시 탁마로 흐르니

그 어떠한 것들에도
숨소리조차 조금도
마음 두어 흔들리지 마세요

마음

마음이라는 것이
본래 형체나 모양이 없고
고요하고 비어서
조금도 줄거나 늘어나지 않아요

크면 크고
작으면 작아지며
밝으면 밝고
어두우면 어두워져요

무엇인가를 마음에 들여 놓으면
꿈이 되고
사랑이 되고
따스함이 되지만

붙들려 살면
꼭두각시가 되어
평생 어두움을 만들어 내지요

근심을 두면 근심이 생기고
맺히면 얽매이고
얽매이면 매듭이 생기고
짓는 마음 따라 생기고 소멸하고

오고가는 부질없는 것들에

너무 얽매이지 마세요

살면서 부단히 지어 놓은 것들을
바로 보고 모두 들어 내면
밝은 마음이 환하게 드러나지요

청정심 淸淨心

산다는 것은
끊임없이 감정을 생산하고
소비하는 일입니다

여러 생을 산다고 해도
끊임없이 생산한 감정은
어지러이 흘러 퇴적된 감정더미가 됩니다

어떠한 마음을 내느냐에 따라
하늘과 땅 차이로 벌어져
괴물이 되기도 하고
천사가 되기도 하여

사는 동안 내가 만들어 낸
감정의 무더기는 바다를 이루고
태산만큼 높게 쌓여

좋은 감정은 가연佳緣이요
나쁜 감정은 악연惡緣으로
생과 생을 돌고 돌아 다시 이어집니다

누군가를 사랑하고 미워함도
자신이 만들어 낸 감정의 굴곡일 뿐

욕망과 허기로 채워진 긴 여정을 거두어

감정더미를 소멸시켜야 만이
잃어버린 청정심을 찾을 수 있습니다

바른 마음

이 세상에 누구나 오기 어렵고
모래알조차 똑같은 것은 하나도 없습니다

어느 인생이든 고苦 아닌 삶이 없고
아름다운 꽃도 잠시 피었다 시듭니다

누구나 이 세상에 온 이유가 있겠지만
크게 잘나고 못난 것도 없으며
혼자 왔다가 혼자 갑니다

마음을 곧게 세우는 일은
마음바탕이 맑고 깨끗해야만이 가능한 일이며
부단히 닦지 않으면
금시 무너지는 속성을 지니고 있습니다

젊어서는 파란 마음을 만들기 좋은 시절이지만
애정에 팔려 욕망에 목매여 살기 쉽고
막상 늙어서는 맺힌 것들에 붙들려 살기 쉽습니다

바른 마음은 통속적인 것들에 쉽게 물들지 않아
맑고 깨끗해서 속이 훤히 들여다보이고
거울 같아서 보이는 것들을 그대로 반영해 냅니다

바른 마음은 큰 신념이 되어
새로움을 창조해 큰 족적을 이룰 수 있고

다음생의 좋은 조건을 만들어 냅니다

더욱이 어떠한 시련에도
자신을 이끌어 주는 지지대가 되어
폭풍이 불어와도 결코 쓰러지지 않습니다

내 당신을 사랑하오

내 곁에 늘 당신이 있어서 행복했오
내 당신과 함께 할 수 있어서 행복했오
내 당신의 깊은 사랑에 행복했오

좋을 때나 슬플 때
힘들 때나 어려울 때에
당신의 사랑이 있어서 한세월 넘을 수 있었오

당신의 지순한 고운 마음이
당신의 슬기로운 밝은 마음이
내 거친 가시밭길 긴 세월을 오를 수 있어오

고운 정 미운 정 다 물들여진 이 황혼에
그림자만 잔뜩 짙어져서
내 사랑 어찌하오 어찌하오

이 세상 모다 간다 해도
그 따사로운 햇살 같은 사랑
그 짙은 향기 백일홍 꽃 같은 사랑

내 당신을 사랑하오
내 당신을 사랑하오

좋은 날

좋은 마음 활짝 열어서
좋은 일만 가득하고
모든 것이 힘차게 일어나는 날

좋은 꿈 꾸고
좋은 생각 하고
좋은 몸 가꾸고
좋은 느낌 갖고
좋은 말 하고
좋은 인연 만들고
좋은 사랑 하고
좋은 일 하고
좋은 행운 오게 하고

많이 웃고
많이 베풀고
많이 좋아하고

부푼 마음
크게 넓게 높게
보리수나무 지혜로
무럭무럭 자라나는 날

복福

덕이 쌓이면
복으로 피어나고

조상 덕보다도
복은 본인이 베풀고
짓는 것

복이 없으면
삶이 궁색하여
팍팍하고

복이 많으면
마음이 넉넉하여
웃음이 많고

복이 넘치면
나눌게 많아
내생까지 이어지는 것

새해 첫날은
묵은 마음을 떠나보내고
새로운 마음을 심는 날

복주머니에 복을
가득 담아

행운으로 나누고

복덕 나무가
잘 자라나도록
토양도 만들고
마음도 닦아야 하는 것

강문 해변

아~ 뜨거워 펄펄 끓는
해 오름이 여는 새 아침
그 웅장함이 천지개벽이다

모래펄 강문 해변 따라
길게 이어진 솔밭 사잇길
한적한 벤치에 앉아

금빛 햇살 넘실대는
대해大海를 거슬러 갈매기 날고
노 저어 가는 사람들이
아찔한 현기증으로 다가온다

솔바람 솔솔 불어 시원하고
하얀 포말로 부서지는
여름날 그을린 파도 소리에

밤새껏 울어 재낀
방아깨비 삽사리 여치 마음 구슬퍼서
가을 하늘은 저렇게 파랗고 높나 보다

익어가는 구절초 내음에
옛 생각은 흰 구름으로 떠돌다
지쳤는지 등대에 걸쳤나

잘게 부서진 모래알 애환으로
숨 벅차게 살아온 것들이
무엇이 그리 대단하던가

현재는 선물

Present은 현재와 선물의 두 가지 의미를 가지고 있습니다

현재는 과거나 미래를 결정 짓게 하는 어머니로
존재하는 누구나에게 귀한 선물입니다

이 세상에 나로 태어날 확률은 제로에 가깝고
누구도 내 삶을 대신할 수 없습니다

삶이란 불래不來라 한번 가면 다시 오기 어렵고
갈 때에는 맺힌 것들만 잔뜩 짊어지고
알 수 없는 곳으로 휘몰아쳐 갑니다

삶의 모습은 제각기 다를 테지만
어떻게 살든 정답은 없으며
분명한 것은 현재의 삶을 얼마나 잘 사느냐에 있습니다

오직 한 번밖에 없는 현재의 삶은
그 무엇과도 바꿀 수 없으며
억만금을 주어도 붙잡을 수 없습니다

현재를 잘 살면 미래를 바꿀 수 있고
잘못 살면 과거에 붙잡혀 살아야 합니다

지식과 경험이 많을수록 시야가 넓고 깊어지며
산다는 것은 모두가 새로움의 연속이므로

상황에 따라 달라지는 최적의 답을 찾는 일입니다

내가 싫고 어려운 일이면 남도 마찬가지며
어렵다고 해도 피하지 말고 도전해야
자신만의 삶을 개척할 수 있습니다

청춘

나에게도 젊은 시절 청춘이 있었지요
뒤돌아보면 어떻게 살아 왔는지 하나도 생각나지 않아요
그렇지만 수많은 꽃잎 같은 기억들을 어떻게 잊을 수 있겠어요
순한 삶이 아니어서 그럴 거예요
앞만 보고 달려와서 미련이 많아서
넘어지면 일어서고 굴곡이 많은 삶이라 그럴 거예요
좀 더 순하고 평온한 삶이면 어땠을까 가끔은 생각해봐요
내가 선택한 길로 왔기에 후회는 없어요
청춘은 그 무엇보다도 참으로 아름답고 값진 일이죠
젊은 날에 세웠던 꿈들이 이루어졌다면
젊은 날에 뿌린 씨앗들이 영글어 맺는다면 더욱 멋진 일이지요
사실 크게 못난 삶이 아니라면 어떻게 살든 답은 없는 일이지만요
누구나의 청춘도 아직 멋도 모르고 성숙하진 못할 거예요
누군들 가야 할 최선의 길을 알 수 있겠나요
이리저리 흔들리는 강물같이 가는 것이겠죠
누구도 가보지 않은 새로운 길을 간다는 것은 더욱 두려운 일이지요
그렇지만 뚝심을 가지고 맑고 밝게 가다보면 새로운 길이 만들어 질 거예요
물론 아린 사랑도 벅찬 기쁨도 있겠지요
한때인 청춘을 누군가의 표상을 삶아 자기만의 색깔을 내어
잘 그리고 만들어 가면 후회 없을 거예요

마음 챙김

숨 끈을 가늘고 길게 집중하고
세게 여리게 생생하게 챙겨서
나는 누구인지 내 속으로 깊게 들어가면

붉은 활화산도 있고
하얀 바다도 푸른 산도 있고
폭풍도 불고 파도로 일렁이고
벼락도 치고 눈비도 내리고

더 깊게 들어가면
나라고 지어놓은 집들이 부서지고
들끓던 대상도 삭아지고

한 생각만 또렷이 있고
생각 속에 생각이 없고
잔잔해서 고요해 져
문득 맑아진 마음자리를 참구하고

한 마음이 깊게 더욱 또렷해지면
태산 같아서 움직임도 없고
한 점 먼지조차 붙을 수 없는 일여의 순간

잘 익은 수박같이 무르익어 깊어지면
헛기침 소리에도 일시에 터져
안과 밖이 밝고 환하게 열리어

빛과 빛으로 이어지고

아름다운 꽃들로 향기롭고
하나로 연결 되어 경계가 없이 밝게 비추고
심량이 원융하여 무한한 허공 같아
시공에 종속됨이 없이 변하지 않는 세계로 꽉 차 있는 것

자유인

나의 몸 속에서
거칠게 요동쳤던 격정들이
진물로 흐르고

숨차던 붉은 애정이 빠져 나가
남은 것이라고는
쓸쓸한 기억뿐

세속적인 거품이 가득한
대 혼돈의 시대

모두가 편편 층층이 위해 살고
자신만을 위해 축배를 들며
가쁘게 살아가는 세상

깨지고 부서지고
변하는 것들 뿐인데
소유하지 못해
아파할 것도 없어

결박된 것들을 끊어버리고
무엇에도 얽매이지 않는
대 자유인이고 싶다

산란심

내 안으로 깊게
파고 들어가다 보면

분수같이 흩어지고
서릿발 같이 일어서는 것들

무더운 한여름 밤
등줄기를 타고
흥건히 흐르는 땀
시큰거리는 뼈마디

일상에 끌리어
과거에 얽매여
파도치는 미래 심에 허물어지고

몸이 허술하고
마음이 굳지 못하여
게으른 잠만 늘어

십 수 년 참구에
산란심만 키웠나
세월만 보냈네 그려

팔을 자른 도신심道信心은
어디 갔나

새옹지마 塞翁之馬

가파른 오르막길은 한 걸음 걸음마다 버거운 길이지만
목적지가 분명해서 오를 수 있고
내리막길은 발길이 가벼워서 좋다

인생은 오르막 내리막의 연속
오르막이 있음 내리막이 있고
내리막이 있음 오르막이 있는 것

오르막이라고 힘들어 하거나
내리막이라고 쉽다고 자만하지 말라

인생은 새옹지마
좋은 일이 있음 나쁜 일도 있고
좋아하는 사람이 있으면
싫어하는 사람도 있는 것

인생이란 인연으로 만났다가
인연이 다하면 흩어지고

누우면 걷고 싶고
걸을 수 없으면 떠날 때가 다된 것이며
달릴 수 있다면 행복한 것이고
걸을 수만 있어도 큰 축복이다

잘났든 못났든 주어진 운명은

큰 행운이며
오로지 앞으로 힘차게 나가야 한다

인생은 색깔

인생은 엷고 짙은 색깔의
끊임없는 몸짓이고 고은 언어입니다

인생은 온기의 색깔로 와서 고단한 색깔로 살다가
자신만의 색깔로 잔뜩 물들이고 채우다가
색깔이 다하면 온 곳으로 차갑게 돌아갑니다

우리는 꽃 색깔로 말하고
초록 색깔로 희망을 갖고
바다 색깔로 깊어지고
하늘 색깔로 편안하고
단풍 색깔로 쓸쓸하고
무수한 색깔로 연결되고
삶의 색깔로 연결됩니다

서로가 원하는 방향으로
짙은 색깔로 매져졌다
엷은 색깔로 흩어지고
연이 다하면 소멸됩니다

꽃말

꽃이란 꽃은 자신만의 색깔로
바람을 머금고 흔들리며
누군가를 위해서 뽐내어 핍니다

옅은 연분홍 봄꽃은
모진 겨울을 이겨내고 피어
여리고 가냘파서 그립고 설레게 하고

해맑은 여름꽃은
눈부신 초록 잎과 따가운 햇살을 머금고 피어
힘차고 발랄합니다

짙붉은 가을꽃은
거친 들녘바람과 노을빛을 물들여 피어
투박하고 쓸쓸하고 황혼 빛으로 무상하고

하얀 겨울 눈꽃은
속살을 에이는 시려운 바람결에 눈부시게 피어
마음 조차 순결하고 깨끗합니다

신기루 불꽃은
한순간 눈망울에 폭죽으로 활짝 피어나
금시 소멸되어 잔상으로 맺히고

십자성 별꽃은

밤하늘에 유리알 같이 신비롭게 반짝여
낭만과 위안의 신데렐라가 됩니다

3부

사계의 자연 울림

정情

누구나 이 세상에 올 때에는
어머니 뱃속에서 듬뿍 품어준
따스한 정을 안고 왔지만

살면서 정에 목말라하여
내 고운 짝을 만나 정분이 나서
서로가 꽉 달라붙어 기대여 살지요

같이 살아온 날이 많을수록
정에 웃고 울다가
애정이 깊어지면 사랑이 강물로 흐릅니다

정나미가 떨어지면 같이 살 수 없고
정이 너무 많아도 헤퍼서 싫은 일이지요

그렇지만 한때 어쩌다 마음에 두어
저 혼자 붉게 물들여 애태우던 장미꽃 사랑은
정 없이 멀어져 갔지만

훗날까지 그리움이 되어 맴돌고
바람 불어 흔들릴 때마다
쪽빛 나무로 저만큼 서 있죠

가시려거든

내 사랑 내 곁에
그 맹세
영원할 줄 알았더니

날 두고 무정히
먼저 가시려거든
남은 정일랑
모두 가져가시구려

내 눈물 동이동이 강물로 흘러
행여 그대 곁에 닿아도
서러워 말아주오

언제가 저 강 건너
흩어진 바람으로
다시 만나려니

가시려거든 미련 없이
정일랑 조금도
두고 가지 마시오

꽃잎

봄의 뒤안길은
여린
내 누이 같아

꽃잎 떨구면
아리어서
눈물이 나고

가슴 저려서
눈물이
꽃잎 되고

세월 속에
파랗게 퍼덕여
떠나는 것들뿐

꽃잎 하얀
강물 되어
흐르는 아침

무심결에
하염없이 흐르는
헤일 수 없는 마음

홍매화

겨우내 혹한酷寒의 모진 시려움을
온몸으로 품어내고
이른 봄을 재촉해

홍매화 수줍은 미소
꽃망울 활짝
성급히 터트렸나요

고매高邁한 향기는 천리를 가고
고결高潔한 자태는 태산이려니

세상사 고단한 시련에도
가진 것이 넉넉하지 않아도
능히 족함을 알고

올 곧고 굵은 기개로
지혜롭게 자신의 길을 떳떳이 간다면
얼마나 행복한 일인가요

봄

기다린 봄이
실개천 갯버들가지 파릇파릇한
아지랑이 상기된 얼굴로 왔나요

긴 겨우내 처마 끝 고드름에 맺혔던
찬바람 훌훌 털고 일어서서
언 땅에 온기로 피어올라

귀 기울이면
담장 아래 파릇한 새싹들이
양지 햇살 머금어
움씰움씰 움트고

나뭇가지에
따스한 수액 흐르는 소리
콸콸 힘찬데

내 그늘 진 마음에도
봄꽃 향연이 시작되면
따스한 햇물로 차오르려나

내 뜨거운 봄아

내 뜨거운 봄아
붉게 진물 내어 흐르는
가슴 울렁이는 봄아

따스한 봄볕 쏟아지는
화려한 봄꽃 지천인
뜰 앞에 서면

하얀 꽃잎 길은 어지러이 열려
순백 꽃길 너머로
물들여진 그리움이여

찐득한 봄바람아
봄꽃 시샘 내 뜨거운 마음
내 님에게 전해다오

목련꽃

목련꽃 숨소리
하얗게 피어나는 날

달빛에 비친
그 창백함이
눈부신 설화인 것을

나의 여린 사랑도
끝내는 감추지 못해
순정으로 피어나고

지순한 연모로
긴 날 속으로만
헤집는 것을

목련꽃 뚝뚝 지는 날
나의 청춘도
봄바람에 지고 있다

봄비

애잔히 내리는 봄비
묵혀진 눈물로 내리는
대지를 깨우는 봄비

숱한 날들
어쩌다 외로 붉어진
참꽃 연정을

이 비 다 그치기 전에
빗물에 띄워 전하고파

다시 꼭꼭 숨어버릴
수줍은 내 작은
봄비 마음을

아카시아

단내 나는
오월

아카시아 꽃길 사이로
내 님 얼굴
눈부시게 그려 놓고

향긋한 꽃내음
산에 들에
가득 풀어

바람 불면
하얀 얼굴
수줍게 들어내어

온통
환하게
웃고 있나요

민들레

숨쉴 수만 있다면
척박한 바위 틈새
그 어디라도

바람개비 홀씨 되어 날아가
강건한 뿌리를 내리고

여기 돌담길에도
하얀 솜털 꽃대를 뽐내며
노랗게 피어 반기네요

무심한 잡초로만 알았더니
화려한 장미꽃보다
곱고 슬기로운

힘찬 생명력의
새파란 민들레 삶이
마냥 부럽네요

연꽃

눈이 부시게 아름다운 천상의 꽃
큰 자비로 온 누리를
세세히 품고도 남습니다

진흙탕에 뿌리를 두고 피어난
노란 연밥 무성한 초록 연잎
연분홍 꽃잎 고귀하여
결코 더러움에 물들지 않아요

꽃대 하늘 높이 꼿꼿하게 세워
인고의 온화함으로 비바람에 쓰러지지 않고
득도의 환희로 꽃 피우나요

단지 물에 피는 풀꽃일진데
의지가 얼마나 바르고 곧으면
부서지지 않는 금강석 씨앗을 잉태하고
천년이 지나도 싹을 띄워 내생을 연결하는지
그 고결함에 귀의합니다

오늘 아침도 깨끗한 이슬 머금고
활짝 피어 반기네요

헛된 고뇌로 자신을 태우고
애증으로 눈물 흘리는 삶들에게
그 따스한 온정을 맘껏 열어주어

손잡아 어루만져줍니다

황黃 단풍

여름날에 꾸었던
파란 꿈들이
가을 끝에 만개해

온통 노랗게 색칠한
떡갈나무
단풍 숲

현란한 금빛 소요
먹먹한
황혼의 절정이여

가는 새 소리에도
고운 자태
수순한 낙화

억새꽃

하얀 마음 감추지 못해
이슬 서린 서리꽃으로
흔들려서 피고

오가는 이 반겨하여
무리지어 꽃을 피우나니
파란 하늘 끝 높이 가냘픈 키다리 꽃대 세워
꽃잎 하얀 솜털 빛으로 반짝이며

들녘 바람 잔뜩 머금고
깊어진 연모심에
꽃대 흔들어 사랑노래 불러요

소슬한 바람결에
이저 저리 애교 떨며
얼기설기 기대여서
꽃잎 마음 다 비워 놓으심은

한세상 지어 온 세월이
그저 부질없기 때문인가 봐요

단풍

별빛 하늘
뽀얀 이슬
밤새껏 우려내

떡갈나무 잎새
곱게
물들여

비단 색동옷으로
단정히
갈아입고

그리운
꽃님 되어
한껏 반기나요

가을 산

새 소리 정겹고
댑싸리꽃 지천으로 피어
솔내음 영근
호젓한 가을 산이

차갑고 무거워진
울렁이는 삶을
쉬어 가라 하네

언제나 두 손 벌려
반겨주는 산

누구나 태어나서
갈 때는 두 평 남짓
산에 눕는 것을

손에 쥔 것을
조금도 놓지 못해
왜 그리 몸부림치며 사는지

저승에 갈 때는
노자 돈 몇 냥
수의 옷 한 벌인 것을

내가 만든 것도

내가 이룬 것도
내 것이 아닐진데

솜털 흰 구름 한가로운 날
풀꽃 짙은 가을 산이
쉬어 가라 하네

백일홍

고운 얼굴 댕기머리 올려
울긋불긋 연지곤지 찍은
목마른 백 일의 기다림

떨린 가슴 설레어서
강변 꽃밭에
오색을 뿌렸나

가을 나들이 길에
만발한 백일홍
환한 웃음꽃 피어

화려한 듯 투박하고
촌스러운 듯 아름다운
단내 나는 그 향기

다정한 내 사랑 꽃님 같아
끝없이 함께하고 기대고픈
백 일의 고운 설레임

고향 가는 길

전화도 전기도 없던 등잔불 시절
읍내를 나가려면 비포장 길에 덜커덩대는 버스를 타야했고
하루에 두세 번 다니는 버스시간을 놓치면
삼십오 리 길을 걸어와야 했습니다

동네 아이들은 옹기종기 모여 앉아 부푼 맘으로
도시로 간 누나 형 자랑으로
추석날이 다가오면 신나서 시끌벅적했고

밤도 줍고 수백 년 된 감나무에 올라 장대로 풋감도 따고
명절은 흰 쌀밥에 고깃국을 먹을 수 있거나
운이 좋으면 새 신에 새 옷을 입는 날이었죠

추석엔 이른 햅쌀로 어머니는
정성스레 고두밥을 만들어 약 불에 삭혀서 식혜를 내리고
뽀얀 동동주도 담고 솔잎 따다 쑥 송편에
여러 꽃무늬의 다식도 만들고 전도 붙이고

박이 주렁주렁 열린 지붕 위로 한가위 보름달이 떠오르면
초가집 툇마루에 앉아 소원을 빌고
호박꽃 같이 둥글둥글한 우리네 마음 너그럽고 고와서
그대로 잠이 들면 바람 길 하늘 날아
달나라에 가고 별나라도 갈 수 있는 마냥 들뜨던 날이었죠

부모님이 안 계신 고향 길은

옛 생각으로 가득 채워져 허전하지만
노란 들판 길 고추잠자리 날고
허수아비는 들녘바람을 잔뜩 머금고 서서 어서 오라고
여전히 낡은 밀짚모자에 너털웃음 짓고 있네요

함박눈

함박눈이 빼곡히
하늘 끝도 없이
겹겹이 내리는 날

외길 산골 마을
장꿩 날아
꿔~꿩 메아리 치고

수북이 쌓이는 눈 길에
인적은 끊기어
적막하여라

어둠 깔린 외딴 초가집에
촛불 밝혀 시린 그리움만
바람살로 자라나는 밤

동짓날

매서운 눈발 날려
을씨년스러운 밤

초가집 여닫이에
바람 맺혀
문풍지는 윙윙대고

개울물도 꽁꽁 얼어붙어
이른 밤도
칠흑 같던 동짓날

장작불 지펴
달구어진 안방 구들장에
솜이불로 데우고

맨살로 들어난 토담 벽에
주름진 아비는
시름만 베여

어두침침한 등잔불에
화롯불이 식어갈수록
야밤은 이슥하여라

격포의 추억

오늘같이 노을빛이 녹아 내려
모래뻘이 온통 하늘빛으로 붉게 물들이는 날이면
달콤한 실루엣 옛 추억 속으로 빨려갑니다

젊음을 달래던 동아리 서클 야유회
어느 여학생의 카세트에서 들려오던
야생화 피아노 연주소리

파도 소리 철썩이는 시월의 격포
민박집 옥상에서 바라본 들녘은
잊지 못할 한 편의 추억이 되었습니다

하얀 메밀꽃 군무에
평상 위로 쏟아지던 무수한 별빛들이
이슬로 내려 초롱초롱 반짝이던 밤

청순한 수줍음으로
그렁그렁한 그리움을 잔뜩 담고
바닷바람에 긴 머리 휘날리던
그녀의 촉촉한 까만 눈동자에

심장이 쿵쿵거리던
그 격포의 순박한 여운이
거친 노을빛으로 울렁여 옵니다

4부

자운영 꽃밭에서 벌들의 숨바꼭질

질경이꽃

들바람을 안고 낮게 깔리어
땡볕에 그을려 억세게 자라
순박하고 내세울 것 하나 없어서
맘껏 드러내지도 못 했나요

한 번도 제대로 색깔을 내어
맘껏 피어 본 적이 없어서
여기 느즈막에 흰 꽃으로 피었나봐요

애태운 눈물만큼 멀어져 간 추억을
이젠 말하고 싶은가 봐요

어쩌다 옥상에 올라
노랗게 펼쳐진 들녘을 바라보며
달콤한 목소리로 시를 말하고
감미로운 노래를 불러주던
그대의 맑은 목소리
사랑스런 눈 속에 나를 빠트렸던

창가엔 늦가을 밤하늘
하현달빛 사이로 분주히 떠 오가던
쌀쌀한 바람 뭉게구름에 아롱진
그대의 고운 마음 못 잊어

꿈 속에서

꿈을 꾸고 꿈을 캐며
꿈 속에서 웃다 울고
꿈 속에서 그리워하다 멀어지고

꿈 하나와 꿈 하나가 만나서
꿈 속에서 서로 애태우다가
꿈이 내 몸 속에서 빠져 나가기 시작하면

꾸어온 꿈들을 접고
홀연히 바람이 되어 산으로 가고
먼 미지의 바다를 건너가야 하는 것을

꿈으로 지은 것들이
무엇인가를 이룬다고 해도
허기지고 아린 것인데

하물며 자신의 마음 하나도 모른 채
헛된 짐만 잔뜩 짊어지고
매일 꿈에 취하여 매여서 산다

신녀 神女

이웃집 옆집
내 또래 애들은
모두 이질로 죽었다

안방에 신단이 차려지고
시루떡이 올려 지면

덩거덩 덩거덩 장구 징
법사의 비나리
밤샘 굿은 이어지고

흰 고깔 쓴 신녀의
이승과 저승을 연결하는
하얀 장삼자락 너풀너풀

신우대를 흔들면
별똥불이 우수수
앞산에 떨어지고

천신들이 내려와
이생의 고통을
모두 거두어 갔다

자운영 꽃밭에서 벌들의 숨바꼭질 · 159

카네이션꽃

어머님이 돌아가시기 몇 해 전
노환으로 누님이 모시고 사셨는데

어버이날 카네이션꽃 화분을 받으시고
함박웃음 지으신 모습을 찍은 것이
영정사진이 되었습니다

가끔씩 꺼져가는 세월의 문을 열고
이 한 장의 사진 속으로 들어가
다른 세상에 계실 어머니를 만나봅니다

흘러온 세월에 이순耳順의 아비가 되어
두 아들이 달아준 카네이션을 달고
거울 속을 비추어보니

메마른 세월의 무게에
그늘진 얼굴은 우수 짙고
주름살이 자글자글한 관자놀이에
날카로워진 광대뼈를 타고
꺼져가는 볼 살이 애처롭습니다

부모와 자식 간의 애틋한 천륜天倫의 사랑은
서로 다른 세계에 다른 모습으로 존재한다 해도
끔찍히 믿어주고 빌어주는 마음이 전부일 뿐

망각忘却 속에 잠시 머물 수는 있어도
변하거나 바뀔 수는 없는 것 같습니다

둑새꽃

논배미에서 진흙물만 먹고 자라
둑새꽃은 꽃잎이랄 것도 없이
소소리 없이 피었다 지는가 봐요

둑새꽃 핀 논두렁길에 서면
깊은 한숨소리
햇살무리로 반짝여 와요

불빛도 지쳐서 잠이 들고
부엉이 소리만 처량한 이슥한 야밤에

걸음마다 천근만근 육십 리 신작로 길
구불구불 고갯길 넘고 넘어
도깨비불에 이끌린 땀범벅 길

초인이 아니고서야
어찌 그 먼 길을 오실 수 있었으랴

정화수

꽃다운 어린 나이에
초가산간에 시집와서

녹색 치마 고운 얼굴에
평생 굵은 앙가슴만
잔뜩 안고 사셨던 어머니

복숭아꽃 붉게 피면
내 누이 여승 되어
남 몰래 애간장 태우고

보리피리 불면
피죽 보릿고개에
시름 깊어

찔레꽃 피면
뜸북새 울음소리 서러워서
봄날은 가고

자식 걱정에
정화수 떠 놓고
일심 정성이셨던 어머니

자운영꽃

허기진 기다림의 봄이 오면
자운영 새순을
남 몰래 베어다 나물 해 먹고

자운영꽃 만발하면
벌들의 꽃 잔치 열리어

논배미 자운영꽃밭에 누워서
파란 하늘을 보면
저 하늘 끝엔 누가 살고 있을까

붕붕거리는 꽃 벌들의 노랫소리에
자장가 되어 스르륵 잠이 들었다

장날

봄바람 불면
뿌연 황사 넘실대고
군무하는 청 보리밭

겨우내 째고 삼고 짜고
정성들여 짜 논
고운 삼베 팔러 가는 날엔

어머니 광주리에
한숨만
가득 이고 가지요

볼기짝만한 산밭
사계절 알뜰살뜰
굳은살만 불어나

팔자 서러워서 범벅범벅
앞산 진달래꽃은
붉게 물들여 피나 봐요

아버지

한여름 내내 그을린
굽어진 허리
거친 손마디

땡볕 짙은 구월에
낡은 검정우산 그늘 아래
쪼그리고 앉아

오가는 흰 구름에
훠이훠이
참새 쫓다가

저무는 햇무리 이고
소 깔 잔뜩 베어
지게 지고 오실 때에는

엄마소는 음매음매
밥 달라 하고
굴뚝 연기 피어올라

애호박 수제비국 저녁상에
빙 둘러앉아
내일을 도란거렸다

불꽃놀이

새벽부터 몰려든 구름 인파로
발 디딜 틈조차 없는 한강변은
불꽃놀이 구경꾼들로 인산인해다

간신히 비집고 들어가
삼각대를 설치하니
화려한 불꽃놀이는 시작되고

하늘 높게 쏘아 올린 폭죽이
숨 고르며 펑~펑 터질 때마다
형형색색形形色色 수놓은 별꽃으로
환한 웃음 머금고 피어나

금시 반짝반짝 스러져 내려
허공 속으로 무성히 사라져 가는 것이
황홀한 울렁임이다

어떻게 살든 인생은
누구나 고단하고 통속적인 일이지만

한순간 온몸을 작열灼熱 하며
숨 끝을 토해 어둠 속으로
무상이 사라져 가는 것이
우리네 인생 같다

달님

그대 앞에 서면
난 작아지고

그대에게 다가서면
그댄 저만치 멀어져가죠

이토록 가슴을 흔드는 그대는
어디서 온 꽃님인지
달님인가 봐요

어둠 깔린 간월암
소나무에 걸린
휘영청한 달님이
쌀쌀한 바닷바람에 저 혼자 밝네요

발자국

눈 오는 날은
눈이 쌓일수록
공허함도 커지고

눈 오는 길을
하얀 마음 안고
걸어 보면

걸어온 발자국이
금시 눈발에
하얗게 지워져서 좋아라

산마을 저 멀리
굴뚝연기 피어오르는
눈 덮인 들판에 서면

살면서 흔들리고 맺힌 것들조차
텅 비워져
하얘져서 좋아라

자운영 꽃밭에서 별들의 숨바꼭질 · 177

눈빛

어떤 이의 눈빛을 보면
어떠한 인생을 살아 왔는지
삶에 대한 의지가 얼마나 큰지 알 수 있다

눈빛이 촉촉하고 부드러우면
마음이 따스하여 둥글둥글하게 산 거고
까맣고 강열하면 지혜롭고 투철하게
흐릿하면 힘겹게 산 거다

우린 눈빛을 주고받으며
미래를 이야기하고
마음을 내보이는 만큼
서로에게 다가가고
살아온 삶을 말한다

눈빛 속에 자신만이 살아온 숫한 이야기를 담고 있고
눈빛으로 새로운 만남을 이어가고
눈빛이 식으면 아예 미련조차 없는 거다

우린 눈을 마주보고
눈빛 속에서 희망을 찾고
눈빛 하나로 평생을 말한다

당신

당신 젊은 날의 그 곱던 얼굴 어디가고 주름살 많이 내려 애처롭소
당신 만나 한평생 고생시켜 미안하고 따스한 응원 고맙소
당신에게 기댈 수 있어서 맘껏 꿈을 꿀 수 있었소
당신이 있어서 행복했고 행운이었소
당신에게 저 하늘 아름드리 별을 따다 드리고 싶소

이제 주눅들었던 젊은 날이 서러워
풍족하진 못하지만 짐이 될 것들은 모두 놓아 두고
당신 좋아하는 여행이나 하며 삽시다

사계절 새 소리 지저귀고 개울물이 흐르는
넓은 들녘이 한눈에 내려다보이는
따스한 햇살이 온종일 들어서는 한적한 곳에 남향집을 짓고
봄꽃 무성히 피어 흐드러지는
가을엔 꽃단풍 병풍으로
당신 가슴을 아름드리 물들이는 산에 살고 싶소

아침엔 안개꽃이 피어올라 숲 속을 적시고
사진도 찍고 시도 쓰고
정겨운 이와 함께 노래도 부르고
멋진 음악회도 열고
느긋한 마음으로 상수리도 주워다가 묵도 만들고

앞산 너머로 낙조 지는 마을에 땅거미 내리면
모깃불도 놓고 멍석도 깔고

눈 오는 날엔 눈꽃도 피고
장작불 화로에 밤도 굽고

하늘이 환히 보이는 유리지붕을 만들어
별빛 무수히 쏟아지는 밤 하늘을 바라보며 잠들고 싶소

결혼

싱그러운 초록의 계절에
오색 꽃구름을 타고 연화교를 건너온
오늘 부부가 된 이 둘에게 큰 축복이 가득하게 하소서

그 어떠한 어려움에도
굵은 금강석 동아줄 부부의 연을 평생 동안 이어주고
포기나 좌절하지 않게 하소서

부부간 영원히 변치 않는 사랑으로
지혜롭게 협력하여 좋은 일만 가득하고
희망찬 행복한 가정이 되게 하소서

세상일은 옳고 그름의 인과관계로 엮어져 있어서
여러 각도로 생각하고 판단하여 앞서 가고
건강한 몸과 마음을 가꾸어 무병장수하게 하소서

현재의 삶에 충실하고
지금 일을 내일로 미루지 말며
키워 주신 양가 부모님을 잘 모시고
형제 친지간 우애가 돈독하게 하소서

이른 아침에 깨어
호흡을 가다듬고 마음을 집중하여
자신을 환하게 밝히고
좋은 심성과 복덕을 만들어 앞으로 나가게 하소서

關係

우린 모두가 하나로 연결되어 있어서
혼자만으로는 살 수 없고
내가 있으므로 네가 있는 것이며
우린 무언가와 의미로 관계되어져 있어서
나는 네가 되고 너는 내가 되는 것입니다

하나로 연결되고 관계되어 있다는 것은
내가 싫은 것은 너도 싫고
나의 슬픔은 너의 슬픔이며
너의 기쁨은 나의 기쁨이 되는 것입니다

광자 하나를 두 개로 분리하여
서로 다른 먼 우주공간에 떨어뜨려 놔도
서로 간에 연결되어 영향을 준다고 합니다

이것이 있으면 저것이 있고
저것이 소멸되면 이것도 소멸되고
하나 속에 일체가 있고
한순간은 무량한 시간으로 연결됩니다

누군가가 흘린 눈물을 따뜻함으로 닦아 주고
누군가의 아픔을 보듬어 녹여 내 주면
시공간을 넘어서 서로가 서로를 위해
더욱 돈독한 관계로 존재하게 되는 것입니다

꽃 무릇

여름날 시골뜨기로
삶이 투박해서
한껏 말할 줄 몰라서

붉은 가슴 속으로만
그대의 고운 향기
한껏 물들여서

짙은 그 향기 품어 이어 내지도
기대여 그려 내지도
한껏 다가설 줄도 몰라서

지독한 외로움이
아주 거칠게 멍울져
깊은 회한悔恨으로
가을 꽃 무릇은 피나봐요

철쭉

누구를 위해
이렇게 뜨겁게 달구고
뜨거운 가슴으로 피는지

봄날 화단에
지천으로 피어
손대면 불덩이다

마지막 한 잎까지
꽃잎 다 떨구어도
붉은 핏빛이다

놀랍도록 뻥 뚫린
푸르른 날
커진 초록 그리움

네 곁에 서면
난 작아지는
외로운 바람이려니

홀로 삭이기
어려운 이 걸기
주체하기 어렵지만

이것이 끝이라 해도

뜨거운 불덩이
철쭉이고 싶다

내가 가는 길

내가 가는 길은
남이 가지 않은 길이라서
평탄하지 않은 길이고
새로움의 길이다

내가 가는 길은
잘 설계된 것도
강건한 것도 아니며

거친 열정으로
넘어지면 일어서고 도전하여
작은 것들로부터 쌓아진
모나고 모진 것들이다

때로는 억센 의지로
때로는 질풍노도로 뛰고 달리고
피땀 눈물의 길이다

누구인들 높은 성루를
쌓는 것이 쉬우랴 만은
무모한 도전일지라도
앞으로 나갈 뿐이다

이 길은 가야만 할 길이라서
세찬 시련의 길이라 해도

조금도 물러서거나 꺾일 수 없고
확신으로 기꺼이 가야만 한다

언제인가는 행운의 여신이 다가와
활짝 꽃피우게 하리라

망각忘却

지나온 세월이
눈물 나게 너절하고
모질어서 회한이 깊다

돌아가고 싶지 않은
그늘 속의 홀로 고군분투한
들풀 같은 시절이라 그런가 보다

이제 빨라진 망각의 속도에
기억의 영역도 자꾸 줄어들고
새로움보다 버릴 것이 많다

혼자만의 시간을
되돌아봄으로 맑게 해야 한다

마음 끝에 와 닿는 것들이
모두가 빈 것들이라
담아 둘 것들을 적게 해야 한다

5부

초월을 위한 몸짓

초월 超越

누구나 현실을 넘어선 초월세계를 꿈꾼다

누구도 가보지 않은 새로운 길을 열어
높은 목표와 비전을 이루고 싶어 하고
불멸의 선구자가 되기를 원한다

초월로 가는 길은
험난한 인고의 시간이며
반드시 이룬다는 보장도 없다

오랫동안 축적된 경험과
열정적인 실천의 남다른 노력으로 이룰 수 있지만
일반적인 방법이나 생각으로는 어려운 일이다

밑바탕에 깔린 원천의 마음을
힘차게 깨워야만이 가능한 일이며

어떠한 어려움에도 의연하게 문제를 찾아 해결하고
샘솟는 강한 의지와 신념으로
무너지면 다시 일어서고
따스함과 새로움으로 채울 수 있어야 한다

초월의 길은 큰 지혜에 기반한
자유롭고 유연한 통찰력의 힘이며
불가능을 가능하게 하고

안 되는 일을 되게 하는 일이다

남이 생각하지 못한
새로운 발견에 도전하여
비범함을 이루는 세계이다

초인

무엇에도 구속되지 않아 경계가 없는
무한한 시공을 넘어선 대자유의
현재를 초월한 미래를 내다보는 초인이고 싶다

거칠고 불순한 것들을 모두 거두어 내고
바르고 곧고 맑고 밝고
지혜롭고 청정하고
온 우주에 두루한 큰 힘이고 싶다

고뇌하고 아파하고 슬퍼하고 분노하는 것들을
소유에 맺히고 길들여지고 이기적인 것들을
잘못되고 파괴하고 무너지는 것들을
모두 거두어 내고 싶다

바람이고 하늘이고
산이고 들이고
강이고 바다이고 자연이고 싶다

빛이고 소리이고 향기이고
자연과 우주와 세세히 통하고 밝혀 주는
무엇 하나에도 걸림 없는
대자유인으로 유유자적하고 싶다

나고 죽는 것들의 모든 고통을 소멸하고
자비롭고 새롭고

이롭게 하고 싶다

판단

누군가가 나보다 나은 삶을 산다는 것은
좀더 나은 판단과 노력의 결과이며
새로움의 경쟁에서 인고로 도전해 낸
현명함의 결과들이다

대상에 대하여 현재를 충분히 아는 것은
어리석은 판단을 제거하고
좋은 결과에 한 발짝 다가갈 수 있다

분명히 알지 못하고 내린 결정과
독단이나 사심이 낀 결정은 실패할 가능성이 높으며
평생 동안 원망과 후회의 동굴 속에 갇힐 수 있다

어떠한 좋은 방법을 적용한다 해도
모든 것들은 시간에 따라 상황이 끊임없이 바뀌므로
나의 대상에 적용하기에는 합당하지 않을 수 있다

가 보지 않은 길은 정확히 알 수 없으므로
합리적인 방법으로 예측할 뿐
조심해서 몇 번이고 두드리고 가야 하고
낭떠러지가 될 수 있어서 참 두려운 일이다

큰 운을 잡는다는 것은
열정의 협업을 통한 심사숙고의 결과이며
쉽게 오지도 않고 영원히 오지 않을 수도 있다

많은 노력이 선행되어야 만이 새로운 운을 잡을 수 있고
한번 결정된 일은 장강의 물줄기와 같아서 되돌리기 어렵다

좋은 결정은 좋은 운으로 이어지며
더욱이 일대사가 걸린 일은 대운이므로
전문가의 의견을 구해서 전략화 하고
충분한 준비와 예측이 선행되어야 한다

연결 Integration

제석천엔 인드라 보배구슬 그물망이
서로를 밝게 비추며 끝없이 펼쳐져 있다고 합니다

문명의 발전은 끊임없이 연결하고
의식과 무의식 세계를 연결하고
현실과 디지털세계를 연결하고
존재와 존재를 연결하고
사물과 사물을 연결하고
데이터와 데이터를 연결하고
존재하는 무엇인가와 연결해야 만이
우린 진화하고 살아남을 수 있습니다

존재한다는 것은 시작도 끝도 점이며
점과 점이 연결되어 선이 되고
선이 연결되어 면이
면이 모여 공간이 됩니다

우리의 모난 삶도
점에서 시작하여 점으로 끝나며
서로가 관계되어지고 연결되어야 존재할 수 있습니다

때로 잘못된 연결은 거추장스럽고 생채기를 내고
파멸로 이어지고 아프게도 하지만
좋은 연결은 서로가 좋은 힘이 되어 빛나고
새로운 희망을 만들어 냅니다

얼굴에 주름살이 많을수록
이룬 것들이 많을수록
삶의 연결이 많은 것이며
기억의 공간도 큰 것입니다

운명

망망대해 어느 해변의 모나고 투박한 조약돌 모양
겁 없이 객기 하나만 가지고 시작해
아직도 이룬 것 없이 버겁게 가는 길

이 길은 퇴로가 없고 멈추면 죽는 길
오로지 변화해야만 생존하고
모진 폭풍의 언덕도 넘어야 사는 길

시간 투자와 비례하고
나를 낮추고 상대에 맞추어야 하며
정해진 답이 없고 스스로 찾고 해결해야 하는
신념의 강도에 의해 좌우되는 길

길이 없으면 길을 새로 내야 하고
좋은 인과를 만들어
천리 길 어디라도 달려가야 하는 것

혼자보다는 둘 셋이
부단히 혼신을 다해야 만이 도달할 수 있는 길

벅차고 외롭고
두렵고 고단해도
만족이나 성취감보다 다음 일을 세워야 하는 길

늘 빛과 그늘이 공존하고

한순간에 무너질 수 있는 살얼음판 같은 길

무엇하나 가진 것 없이 시작한
나에겐 분명히 이 길이 운명임에 틀림없다

진리

빛은 닿는 곳이 어디라도 치우침 없이 밝히느니
어둠이 제아무리 강하다 해도 밝음을 이기지 못한다

하나의 등불은 천만 등불에 옮겨 붙여도
밝기가 줄거나 늘어남이 없이 변함없지만
욕망은 천만 가지를 다 가져도 채울 수 없다

마음이 밝으면 주변도 밝게 하여 좋은 운을 만들지만
마음이 어리석으면 하는 일마다 나쁜 운을 불러들인다

물은 낮게 스미어 낮은 곳으로 흐르고
탁류는 반드시 흘러야 만이 맑아진다

세상은 생각하고 행동하는 방향으로 진화하고
변화하지 않으면 현재보다 나아질 것이 없다

나뭇가지는 빛을 받는 방향으로 무성히 자라고
바람 부는 방향으로 휘어진다

인간관계는 마음 가는 쪽으로 인연이 이어지고
꿈은 꾸는 방향으로 이루어진다

하나는 둘이 되고 싶어 하고
둘이 되면 하나가 되고 싶어 한다

누군가에게 뜨거운 마음을 둔다는 것은
오직 바라보는 관점이 다를 뿐이다

파괴

인간은 불과 도구를 다루며 진화했고
에너지, 동력, 컴퓨터, AI 발명으로
자연 파괴의 최상위 포식자다

인간의 천적은 바이러스 박테리아 자연재해도 있지만
이제는 과학문명으로부터 나오는 파괴들이다

인간이 존재하지 않는다면
수많은 생명으로 가득 찬 자연은
풀포기 하나조차 제각기 평화롭고
파괴되거나 무질서 하지 않은
자연 그대로의 청정지대였을 것이다

인간의 탐욕은 끝이 없어서
이 세상 모든 것을 다 가진다 해도
만족하지 않을 것이며

진화라는 명목으로
자연을 파괴하고 싸우고 죽이고
결국 인간이 만든 문명에 의하여
인간은 멸망할 것이다

인간은 자연 파괴의 근원이며
지구와 같은 환경의 다른 행성을 찾아내고
다른 종족이 존재한다고 해도

지배하고 파괴하려고 할 것이다

진화의 산물은 인간 의식을 지배하고
오로지 소유한 물질의 양으로만 측정할 것이며
인간들이 풍족해진 만큼
인간이 늘어날수록
자연은 파괴되고 파괴로 채워질 뿐이다

혼돈

요즘 봄꽃들이
개나리 진달래 그리고 목련 벚꽃들이
누가 먼저랄 것도 없이
동시에 피고 지고
혼돈에 빠졌어요

벌들이 아파하고 사라지고
여름에 피어야 할 꽃들이 봄에 피고
가을에 봄꽃이 피고

벌들이 사라지면
지구의 운명도 다하는 것인데
지구가 누군가의 탐욕으로
개발되고 버려진 것들로
가득 채워지고 절망하고 있어요

지구가 돌고 돈 만큼
생명들이 태어나고 죽은 만큼
문명으로 편리해진 만큼
온전히 혼돈을 짊어지고 아파하고 있어요

파괴된 만큼 혼돈으로
그대로 되돌려 주는 것이겠지만
지금이라도 돌려놓아야 할 때입니다

생명을 존중하고
자연을 아끼고
덜 먹고 덜 배출하고
더 많이 걷고 차갑게 살아가야 해요

성골게임

누구나 이 세상에
빈손으로 와서
바람 부는 광야에서

꿈을 심고
꿈을 키우고
꿈을 이루려고 몸부림치며
한 세월 죽기 살기로 살지만

누구는 운이 좋아
버팀목 든든한 두 손에 쥐어준 것 천지인
성골로 태어나서
통째로 굴러온 노다지를 캐고 굴리며

갖고 또 가져도 모자라서
욕망의 검은 연결고리로
주고받고 불리고 뺨치고
안 되는 일 없이 산다

이 세상의
온갖 맥을 쥐고 흔드는
철옹성 성골게임

오직 명문 명문만이 대를 잇고
바늘구멍을 뚫고 들어가야

숨쉴 수 있고 살 수 있는 길

여명 黎明

오랫동안 적층된
피로의 탐욕이
역한 냄새로 가득하다

이제는 바람이 불어야
바람이 불고 있어서
파란 하늘이 드러나겠다

가야 할 길이라면
숨이 차더라도
꺾이지 말고
반드시 가야 하리

숲 속의 정령들이
기지개를 켜고
신념의 영웅들이
들불로 일어나

너와 나
이해의 철벽을 깨고
밝은 여명이 힘차게 오라

칼

힘이 크면
힘으로 하려 하고
힘이 없으면
지혜로 이루려 하느니

칼을 잘 쓰는 사람은
백정이고 칼잡이고
칼로 흥한 자
반드시 칼로 망하느니

칼을 쓰기 시작하면
작은 일도 칼로 해결하려 하고
운이 다하면
칼끝이 결국 자신에게로 향하느니

거짓으로 쌓은 명성은
손바닥으로 하늘을 가리는 일이며
언젠가는 진실 앞에 서게 되느니

명분을 잃으면
후일을 도모할 수 없고
명분이 있으면
반드시 기회가 찾아오느니

당나귀 귀

미다스 왕의 당나귀 귀
낮에는 새가 듣고 밤에는 쥐가 듣는 것을
세상에 영원한 비밀이란 것이 있던가

언제고 달라질 수 있는
발이 달린 인간의 얇은 귀와 입을
누군들 믿을 수 있나

두텁게 깔린 시커먼 먹구름도
바람이 불면 흩어져
파란 하늘을 내보이건만

변덕스런 인간들이 빚어 낸
사심으로 가득 찬 욕망의 낯 두꺼운 철판들은
끼리끼리 엮이어 흐르지 못해 썩은 것들로 채워지고

작은 바램조차
여지없이 짓밟고
시간은 역류하고

무엇 하나 제대로 바로 서지 못하고
빠르게 늪 속으로 빠져든다

호스슈 호수 Horseshoe Lake

제아무리 강하다 한들
세월을 거스를 수 없고
영원할 것 같아도
영원한 것은 하나도 없다

시간은 변하고
나를 위해 기다려 주지 않으며
번개 같고 물거품 같고

다만 마음의 진정성이
크고 슬기로우면
통하지 않는 것이 없다

호스슈 호수도 깊고 힘차서
장강의 푸른 물줄기로
유유히 휘돌아 흐르는가 보다

내가 가는 길이
내가 하는 일이 탄탄하면
모진 시련에도 꺾이지 않고
이루지 못할 것이 없다

시소게임

세상일이라는 것은
정반합(正反合)의 끊임없는 조화로
한 번 더 생각해 조심히 가야 하고
한치 앞을 내다볼 수 없다

시소게임과 같아서
한쪽이 기울면 다른 한쪽은 올라가고
장점이 있으면 단점이 있고
하나를 얻으면 하나를 잃을 수 있고

두더지게임과 같아서
한쪽을 누르면 반대쪽이 튀어나오고
모두가 행복하고 기쁘고
완벽한 것은 없다

높은 산에 오르면
먼 곳까지 볼 수 있으나
가까이는 볼 수 없듯이

어려울 때는 작은 것에도 만족하나
잘 나갈 때는 큰 것으로도 만족하지 못해 아쉬워하고
더욱 크고 많은 것을 갈구한다

소유

무엇인가를 소유한다는 것은
선택의 결과이며
고통도 있고
소유한 만큼 걱정도 따라 온다

소유는 치열하게 싸워 쟁취한 결과이며
누군가의 몫을 갖는 일이고
나의 행운은 누군가의 불행이다

소유의 크기에 따라 욕심의 크기도 달라지고
욕심이 크면 욕망이 되고
지나치면 탐욕이 되어
자신을 파멸시키기도 한다

많이 소유한다는 것은
많은 걱정과 많은 공간을 의미하며
좋기는 하지만 잃는 것도 있다

소유할 것이 너무 없어도
걸릴게 없어서 좋지만
때론 자유로움을 구속할 수 있다

행운

쓴 것이 다하면 단 것이 오듯이
준비하고 노력하면
행운을 잡을 수 있다

모자란 것은 채워야 하고
모르는 것은 알아야 하며

때묻은 창문도 닦으면 거울 같이 빛나고
무딘 재능도 갈고 닦으면 능력자가 될 수 있으며
더딘 삼태기로도 태산을 움직일 수 있다

노력의 크기에 따라 스스로 감복되어
어떠한 어려움도 이겨 낼 수 있고
행운을 만들어내며

행운이 많다는 것은
노력의 씨앗을
많이 뿌린 결과이며

인덕 많이 쌓고
선업 많이 지으면
좋은 인연 연결되어
행운이 후세까지 이어진다

초월을 위한 몸짓 · 227

회수해야 할 때

무엇인가를 이루기 위해
한 가닥 희망으로
불나방이 되어

이리 뛰고 저리 뛰고
부딪치고 좌절도 하고
돈키호테도 되고
도전하고 일어섰던 것

시간에 쫓기어
나 자신을 통째로
대여해 온 것

현재의 만족보단
내일에 대한 기대로
반복된 전사의 날들을 접고

강물같이 흘러온
세월의 종착역에서
이젠 회수해야 할 때

습식

누구나 솜털같이
가냘프고 부드러운
방긋한 애기 미소로 와서

덧없는 세월의 뗏목에 의지해
누군가를 좋아도 하고
바라기 열정으로 색칠도 하고

마음을 두다 보면 젖어 들고
빠지면 죽자 살자 달려들고
점점 헤어 나오지 못하여
벌거숭이가 되어 허우적대다가

스스로 짓고 만들어 낸 기억들로
채우고 물들이고
준비되지 않은 예기치 않은
숨 끈이 싹둑 잘려지는 순간

무의식으로 연결된 긴 미로의
습식만 짊어지고
말 한마디 제대로 남기지 못한 채

골짜기 숲을 지나
심해를 유영하여 사막에 이르러
이글거리는 태양 빛에 마른번개가 번쩍이고

어디인지 목적지도 없이
또 다른 시간의 끈에
꽁꽁 묶어져 끌려갈 뿐이다

몽당연필

꽁지만 남은 몽당연필이
먼지를 잔뜩 뒤집어쓰고
길모퉁이에 누워 있다

누군가의 생각을
열심히 쓰고 그리고
이루게 했을 텐데

누군가의 원대한 꿈을
같이 고민하고
세워주었을 텐데

우리 인생도
몽당연필 같다

피터지게 살다가
쓸모가 다하면
스스로 버려 지고

열심히 살든
놀면서 살든
피장파장인데 말이다

이룸

걸어온 길을 되돌아보면
여러 갈래 갈지자로 분주히 왔어도
결국은 외길 한 길
준비와 선택의 연속이다

물질에 옥죄인 삶의 일대사는
먹고 살고
얼마나 소유하느냐가 아니든가

누구나 남보다 나은 삶을 꿈꾸지만
변화에는 인색하고
누구나 가 본 길에만 길들여져 산다

가보지 않은 길을
분명히 알고 가는 사람은
더 나은 삶을 누릴 자격이 있다

새로움을 찾아내고 조력자를 얻어
예기치 않은 극한 어려움에도 가슴으로 뛰고

기꺼이 혜안을 내어 새로움에 근접해 가야
경쟁력 있는 자기만의 세상을 개척 할 수 있다

6부
변하고 연결해야 존재할 수 있다

사업이란

불가능할 것 같은 일도
큰 덩어리로 보면 풀기 어렵지만 쪼개면 답이 있고
어려운 문제라도 현명하게 노력하면 해결할 수 있다

무슨 일을 하든 미래성과 공익성이 있어야 하며
새로운 가치를 만들 수 있어야 하고
지금 당장은 돈이 안 되어도
시간이 흐를수록 명성이 높아지고
인재가 모이고 기술이 축적되어야 한다

비전이 너무 크고 높으면 이루기 어렵고
비전이 너무 작아도 이룰 게 없으므로
사업아이템을 선택하는 것은 매우 중요한 일이다

한 번 시작하면 빠져나오기 어렵고
두 번 다시는 기회가 오지 않을 수 있으므로
어떠한 일을 하든 최선을 다해야 한다

어떠한 일을 결정한다는 것은 양면의 칼날이고
작은 허점 하나가 쌓아올린 노력을 무너뜨리므로
몇 번이고 두드리고 고심해서 가야 한다

너무 소심한 결정도 적기를 실기하여
상황을 어렵게 할 수 있다

뜻을 세운 일에 정성을 다해야 하며
길게 보아 꼭 돈이 아녀도 인덕을 쌓고
고품질 고품격의 매너를 만들어 가야 한다

전사 戰士

스물다섯 해, 사즉생死卽生의 길
그려 나가고 만들고 끊임없이 도전하고
긴장과 경쟁의 연속이었다

죽음의 계곡을 여러 번 넘고 넘어서
전사가 되어 눈빛도 사납고
자신도 모르게 차갑고 냉철하여
감정도 무감각해지고

걸어온 길이 너무나 긴 터널이고 벅차서
누군가에게 진실을 털어 놓고
눈빛을 주기도 믿기도 어려운 일이다

이것은 이 세상에 온 이유가 아닐 거고
내가 그리던 꿈은 더욱 아니지만
의지와 관계없이 오로지 앞으로 나갈 뿐
포기하거나 그만둘 수도 없다

조금만 잘 했어도
조금만 더 생각했어도
조금만 잘 판단했어도
잘 될 수 있었는데
더 빨리 갈 수 있었는데

잘 된 일보다

이루지 못한 것들만 후회로 남아
마음에 맴돈다

음악가의 꿈

음악가로서 꿈 많고
못할 것도 없는
가득 찬 낭만으로 반짝이는
아름다운 젊은 날

떠밀리어 간 길은 아닌지
파란 꿈을 다치게 한 것은 아닌지
무거워서 덜고 싶은 것은 아닌지
그 혈기 찬 훤칠한 얼굴에
한 점도 그늘지지 않길 바라느니

이왕 가는 길이라면
조급해 하지 말고
이룸에 연연치 말며

스스로 선택하여
가고 싶은 길 가고
하고 싶은 것 맘껏 하며
꿈을 찾아 가시게나

꿈꾸고 싶은 것
맘껏 꾸고
단지 허황되지는 마시고

지독한 경쟁에

차가워지고 우울해지고
메마른 삶은 되지 마시게나

작은 것이라도 마음에 닿는 것들에
뜨겁고 밝게 포옹하며
유연하고 굳세게 가시게나

변하지 않는 것들

칠월 끝 한여름날 불볕에
아스팔트길이 불덩이 더위로 푹푹 찐다

누군가가 삭여냈을 쓸쓸함의 담배꽁추들이 널부러진
뒷골목길을 걸어 보면
세상은 온통 욕심에 굶주린 것들 뿐
세상은 변하는 것 같지만 하나도 변하지 않는다

세상이 변할 것이라고
허기진 바라기가 되어 보기도 하지만
끼리끼리 단물만 빨고
어슬렁거리는 파리 떼들만 득실거릴 뿐

세상이 바뀌었다 해도 잠시일 뿐
목소리 높여 외쳐대며 세상을 바꿀 것 같지만
결코 하지도 않겠지만 한다고 해도
바꿀 수 있는 일은 그리 많지 않다

기대도 해 보지만
어김없이 무너져 내리고
결국은 제자리로 돌아온다

우린 자신도 변하지 않으면서
변하지 않는 것들에 생채기를 내고
제풀에 지쳐 먼저 눕는다

거짓이 둔갑해서 진실이 되고
진실을 알고도 눈 감고
힘 있는 것들에 고개 떨구고
뒷말 뿐 용기도 없고
통속적인 것들만 가득하다

송구영신 送舊迎新

몇 시간 후면
차가운 삭풍 붉은 노을에 걸쳐
한해가 떠나가려 한다

새로운 맘의 문을 열고
굳은 의지로 시작한지
엊그제인데

분망奔忙함에 쫓고 쫓기어
아쉽고 드센 한더미 눈물만
흥건히 쏟아 놓고

사랑의 몸살도
격정의 미움도
세상사 벗어던지고

다시는 돌아올 수 없는
이숙異熟의 다리를
건너가고 있다

새해는 웅장하지 않아도 좋으니
밝은 웃음 가득하고

자애로운 어머니 마음 되어
파릇한 초록 내음으로

희망 가득 대길하게 오길

돼지 꿈

사업을 하면서 미래에 대한 욕구 때문인지
나는 더 많이 꿈을 꾸고
좋은 꿈 나쁜 꿈 개꿈도 꾼다

사람들은 돼지고기를 좋아하고
돼지새끼라고 놀리기도 하지만

돼지꿈은 돈과 연결되는 행운의 부적이며
꾸고 싶어도 꿀 수 없는
일생 동안 손꼽을 정도의 귀한 꿈이다

좋은 꿈을 꾼다는 것은
과거 생에 지은 복덕일 수도 있지만
현재 이루고자 하는 일에 있어서
남다른 노력이 선행되어야 가능한 일이다

돼지들과 함께 수영하는 꿈은 행운을 불러들이고
커다란 흰 돼지가 사납게 달려드는 꿈은
대운을 이룰 수 있다

돼지꿈은 갈망하는 것들을 크게 이루게 해 주고
인생 운을 바꿀 수 있는 좋은 기회를 준다

늙는다는 것

눈물을 흘려본 적이 거의 없는데도
요즘은 영화 한 장면에도
컥컥 눈물을 찔끔거려 가슴이 아리다

말이 앞서 너절하고
남 얘기에 집중이 안 되고
걱정으로 일어서고

곧게만 살아온 것은 아니지만
요즘 옳지 못한 것을 보면 감정이 격해지고
마음을 누르기도 쉽지 않다

가끔은 생각이 짧아
잘못된 의사결정을 번복하기도 하고
적어 놓지 않음 까먹기 일쑤다

가슴에 화로 맺히면 후회로 쌓이고
먹는 것보다 배출이 힘들어
딱히 좋아할 것도 없다

말수도 줄어들어 표정으로 말하고
한번 말꼬리를 잡으면
길어지고 집요해져 조심스럽다

아직은 생각도 쓸만은 하지만

이 몸뚱어리가 아주 낡아서
제대로 작동되지 않을 날을 생각하니 걱정이다

네모

조약돌 조차 세월에 달구어져 둥글거늘
네모난 것들은
그 얼마나 답답한 일이든가

네모 속에 한 번 빠지면
무엇을 하든 네모인 것을
그 얼마나 어리석은 일인가

낡은 네모들에 의하여
검은 네모들을 만나
우린 지독한 네모의 늪 속에 갇혔다

이것은 눈물 한 방울 동정 한 마디 없는
혹독한 찬 냉기의
건조한 자갈 모래밭이다

시퍼런 풀잎 되어
더욱 매섭게 일어서야 하고
네모난 것들을 끊어 내야
우린 서로가 둥그렇게 기대여 살 수 있다

메타빌드 METABUILD

메타빌드는 초월기술을 축적하고 만들고
초월인재를 육성해 불멸의 성장을 이루는 기업입니다

태양 빛 가득한 우면산 자락에 터전을 잡고
모두가 지성감천至誠感天으로 도전해
늘 일감이 풍부하며 행운이 넘쳐납니다

누구에게나 기회가 주어져 가장 일하고 싶은 기업이며
세상을 이롭게 하는 혁신기술을 창조하여 사회가치를 창출합니다

미래 기술을 개발하여 경쟁우위를 이끌 수 있는
인재 등용문이 누구나에게 상시 열려져 있습니다

메타빌드인은 "기회는 오직 한 번"이라는
시불가실時不可失의 신념으로
조그마한 일도 소중히 여기고 열정과 지혜로
세밀한 전략과 방법을 만들어 불가능을 가능하게 합니다

현실과 디지털 세계를 연결하는 데이터 연계미들웨어와
초거대 지능형 플랫폼, 디지털휴먼, 디지털트윈. 클라우드, 데이터 기술로
세계최고의 초월기업으로 성장해 나갑니다

풍부한 첨단 기술력에 자부심을 갖고
끊임없이 신기술을 연구하여 상용화하고
모르는 것은 겸손하게 배우고

상호간 따뜻한 마음으로 소통하고 존중하고
임직원 모두 통찰력을 갖고 하나가 되어 협력합니다

회사의 주인으로서 넓고 깊은 사고를 하여
자신을 개발하며 힘차게 앞으로 나갑니다

연계미들웨어 MESIM ESB · APIG

메타빌드의 연계미들웨어 "MESIM"은
하나의 데이터가 최초로 발생하면
어떠한 데이터 형태든
어떠한 통신 방식이든
어디로 보내지는 데이터든
얼마나 큰 데이터든 관계없이

다차선의 데이터 고속도로를 타고
실시간으로 빠르고 정확하고 안전하게
데이터를 필요로 하는 곳으로
목적지까지 데이터 전달을 책임지며
데이터를 송수신 하거나
데이터를 연계하고 통합합니다.

"MESIM"은 다양한 데이터를 쉽게 연계할 수 있도록
AI기술로 자동화된 개발도구를 제공하고
온 프레미스와 클라우드 가상화 SaaS, GSaaS 환경을 제공합니다.

전달하는 경로를 이중화하여
하나의 경로가 단절 되어도 무 중단 전달서비스를 제공하고
데이터를 전달하다가 장애가 발생되더라도
신속하게 AI로 정상으로 복구하여 데이터 전달을 보장해 줍니다.

데이터 전달의 시작에서 끝까지
손실 없이 일관된 전달을 보장하고

보기 쉽게 시각화하여 분석 모니터링 할 수 있도록
통합운영관리를 제공합니다

데이터허브 DATAHUB

숨 쉬고 움직이는 나의 모든 정보가
우주공간 어디에서나 연결되어
목적을 가지고 데이터로 쌓여 필요한 곳으로 물과 같이 흐르고

내가 만든 데이터는
내가 이 세상에 존재하지 않아도
가상공간에서 다양한 분신으로 존재하며 내생까지 연결될 것입니다

나의 데이터가 어디로 흘러가는지
어떻게 사용되는지 알 수는 없지만
나는 투명한 유리창 속에 누군가에 의하여 발가벗겨져
자신도 모르는 사이에 감시됩니다

데이터로 학습된 인간과 같이 생각하는 AI와
인간과 똑같은 디지털휴먼이
인간과 같이 행동하는 로봇이
인간의 역할을 대체하면

인간의 진화방식도 달라지고
또 다른 종족의 호모데우스 시대로 진화할 것이며
데이터 문명의 발전이
현실과 가상세계의 경계를 모호하게 만들고 변화를 가속화하여
존재의 근원까지 송두리째 바꿀 것입니다

"데이터허브"는 데이터 처리 엔진과 개발도구로 구성되어

정형 · 비정형 · 반정형 형태의 대용량 데이터를
손쉽게 수집 · 분산 · 저장하여 통계분석하고
실시간 · 배치로 데이터를 가공 · 변환처리 해
데이터 카달로그 기술로 데이터를 다양하게 검색 · 분류 · 추천합니다

AI플랫폼 MAIAUTO LLM · MLOps

AI는 초거대 자연어처리 Large Language Model 와
기계학습 Machine Learning 방식으로 데이터를 학습시켜
데이터를 예측분석, 이상탐지 등에 활용되며
인간과 같이 대화하고 찾아주고 요약하고
새로운 글쓰기, 음악작곡하기, 그림그리기 등을 제공합니다

메타빌드의 "AI플랫폼 MAIAUTOLLM · MLOps"은
데이터 수집–가공–변환–학습–분석–활용–배포–버전관리 전체공정을
빠르고 편리하게 체계적으로 개발하고 운영관리 할 수 있습니다

"MAIAUTO"는 다양한 AI모델 AUTOML · XAI 을 탑재하여
의료, 카드, 제조 등 특정 분야의 데이터를 학습시켜
최적의 데이터를 예측하거나 문제를 찾아주는데 활용됩니다

메타빌드가 개발한 LLM 파운데이션 모델 "라몬 LLaMON"은
GPT · BERT · BART · LLAMA AI모델로 한국어 자연어 모델을 구축해
수천억 개의 파라메터와 수억 장의 문서량으로 학습시킨
자연어 기반 검색 챗봇인 ChatGPT4, BING, BARD와 같이
감정판단, 상담, 글 요약 등 다양한 분야에
파인튜닝 학습시켜 새로운 AI서비스를 만들 수 있습니다

디지털휴먼방송서비스 R2MIX

메타빌드의 디지털휴먼방송서비스 "R2MIX"는
실시간Real Time과 사실감Reality을 의미합니다

디지털휴먼은 실물과 똑 같은 모습을 3D로 제작하여
사람을 대신한 아바타로 활용되고 메타버스 세계에서 활동합니다

디지털휴먼은 게임엔진언리얼 · 유니티 플랫폼의
실시간 대용량 렌더링 · 조명 기술을 적용해
가상현실이나 증강현실에서 다양한 콘텐츠로 활용됩니다

"R2MIX"는 2D사진을 자동 변환하여 디지털휴먼으로 생성할 수 있고
기 제작된 다양한 모습의 디지털휴먼을 아바타로 활용하여
SNS유투브 · 틱톡 · 트위치 미디어 크리에이터들이
실시간으로 방송서비스를 할 수 있습니다

"R2MIX"는 디지털휴먼의 얼굴 피부 톤, 헤어스타일,
의상, 제스처, 배경을 코디하여
카메라가 탑재된 스마트폰이나 노트북에서
미디어 크리에이터가 말하는 표정을 그대로 따라서 하거나
대본을 주면 동기화 하여 실시간으로 방송할 수 있습니다

"R2MIX"는 대민 안내서비스나 ChatGPT를 음성으로 검색 · 답변하거나
음악DJ, 강의, 쇼핑몰, 홍보, 뉴스, 사회, 패션, 방송, 회의 등
다양한 분야에 활용됩니다

AI음악작곡서비스 KEENEAT

음악작곡은 음악 전문가의 영역으로
소량 창작에 의존해 왔습니다

세계 최초 칠로엔의 "KEENEAT" AI음악작곡서비스는
내 취향의 고품질 음악을 비전문가인 일반인도
쉽고 빠르게 작곡할 수 있도록 클라우드로 서비스하고 있습니다

"KEENEAT"은 빠르기, 리듬, 장르, 모티브, 감정 상태 등
음악의 기본 작곡요소를 선택해 주면
세상에 하나뿐인 자신만의 음악을 15초 만에 작곡할 수 있고
미디어 영상 크기에 맞게 음악 길이를 자동으로 조정할 수 있습니다

"KEENEAT"으로 작곡한
앨범 "Vending Machine Vol.1" 시리즈 4곡을 최초 발표했고
이후로 "Break The Ice", "Paper Love" 등
더욱 좋은 품질의 음악 앨범이 발표되고 창작되어
지금은 십만 곡이 넘는 음악이 유통되고 있습니다

누구나 만들어진 음악을 무료로 활용할 수 있고
생일, 연인, 가족, 기업 등
사용자가 자신이 원하는 취향의 음악을
쉽게 직접 제작, 유통, 판매할 수 있습니다

레이더 교통돌발상황 · 교통검지기 MESIM IDS · VDS

"교통돌발상황 · 교통검지기"는
교통사고를 예방하기 위한 레이더 센서로
고속도로 · 국도 · 시내도로 · 터널 · 교량 교통사고 위험구간에 설치됩니다

주야간 24시간 눈 · 비 · 안개 · 연기 기상환경과 관계없이
사고 · 정지 · 역주행차, 사람 · 동물 · 낙화물과
차량거동, 교통흐름, 차량위치 · 속도 정보를 실시간으로 감지하여
교통사고를 예방하고 통합적으로 관제하도록
디지털트윈 교통통합플랫폼을 제공 합니다

직선, 곡선 도로 구간 형태에 따라
1KM, 500M, 200M 구간을 감지할 수 있고
메타빌드가 세계 최초로 연구 개발하여 상용화 했습니다

교통 돌발상황 · 사고 발생 시
도로에 설치된 CCTV와 각종 센서에서 발생되는 정보를
연동하여 자동 추적 관리 합니다

국내 · 외 4,000여 도로구간에 설치되어
자율 · 협력 · 안전 교통정보를 현실감 있게
디지털트윈 교통통합플랫폼으로 관제운영하고 있습니다

디지털트윈 교통·도시통합플랫폼 교통·자율차·드론·도시·빌딩·건설

"디지털트윈 교통·자율차·도시플랫폼"은
교통·자율차·드론·도시·빌딩·건설 서비스를
SW·ICT, 디지털트윈 기술을 적용하여 통합관제운영합니다

시설이나 이동체에 설치된 다양한 센서·디바이스에서 감지된
데이터를 실시간으로 수집·연계하여
고차원 시각화를 통해 현장감 있게 통합관제합니다

실제·실증·시험 도로상에서
자동차·자율차·셔틀버스·화물차·로봇카·드론 이동체의
현장-센터 간 차량별 거동, 교통흐름, 돌발이상상황, 전파·
비상 대응서비스를
"디지털트윈 교통플랫폼"으로 연계·통합하여 관제합니다

"디지털트윈 도시플랫폼"은 시티·빌딩·건설 서비스를
재생도시나 신도시 사업에 적용하여 통합관제 운영되고 있습니다

효율적인 디지털트윈 통합플랫폼을 구축하기 위해서
연계미들웨어, 데이터허브, AI플랫폼, 디지털트윈 등
상용제품 기술이 도입되어 운영됩니다

의료재활 마이데이터 오퍼레이터플랫폼 PILLLUCK

고령화 인구 천만 시대가 도래 되면서
산재, 거동불편, 당뇨·고혈압 만성 환자들이
"PILLLUCK"을 활용하여

종합 의료재활배달서비스
거동불편 당뇨관리서비스
의료기기 롱텀 케어서비스
간편 행정서비스 등을 받을 수 있습니다

산재의료 개인데이터를 생산하고 보유한
산재지정병원, 당뇨협회, 재활보조기기 업체·서비스센터와 협력하여
정보주체인 개인이 마이데이터의 전송요구를 통해
마이데이터를 제공받으면
"PILLLUCK"에서 개인 의료데이터를 수집해
각종 개인 의료재활배달서비스를 받을 수 있습니다

글로벌 디지털 초월제품인재

디지털 전환·혁신·플랫폼 시대의 국가 및 기업 성장은
제품기술·인재의 글로벌화·전문화·분업화 강화와
전 산업에 걸쳐 지능화·가상화·자동화·무인화 기술 확산에 있습니다

글로벌 시장에서 초월제품으로 성장하기 위해서는
디지털 제품·콘텐츠·서비스 구매제도의
최저가·적격가 입찰시장을 없애고
수의구매·분리발주로 제 가격을 보장해 주고
저가 유지보수율 및 사업대가를 선진화해야합니다

혁신성장을 주도 하기 위해서는
전주기 투자-R&D-상용화-규제-판로-수출 과정을
디지털 정책-예산-R&D-조달-교육-제도 기관이 합동해
전주기-원스톱-풀로 육성 지원해 주어야 합니다

기술 잘 하는 기업이 성장하도록
언제고 수시로 신속하게 지원하고 이끌어 주는
전 부처 통합기업지원체계가 필요합니다

기술·성능 인증 받고 상용화한 시장 성장성이 높은
최고의 디지털 초월 제품인재를 지원하여
글로벌 시장에서 성장해야합니다

숏폼Short Form

숏은 짧아서 정이 없지만
요즘은 폼 나는
숏폼, 숏통 시대

이야기가 있고
찡한 느낌의 영상이 있고
AI가 만든 음악이 흐르고

새로운 것들로 까발려 넘쳐나고
여인천하의 뿔 달린 돈키호테
흙 백의 도깨비들판

재미를 주고
돈도 벌고
빨리 느끼고
빨리 실증내고

좋아하고 싫어하고
댓글로 웃고 울고

금시 잊혀 지지만
바로 새 폼 나는 것들로
밀물같이 채워집니다

파란 것들

하늘도 물길도 깊을수록 파랗고
사람 마음도
깊이가 있을수록 더욱 파랗습니다

파란 것들은 새로움을 만들어내고
비바람에 흔들리거나 꺾일지언정
결코 두려워하거나 굽히지 않습니다

파란 나뭇잎은 여름날의 뜨거움을 머금어
아름다운 꽃을 피워내고
가을날의 결실을 위해
억센 땀방울을 마다하지 않습니다

자신의 고운 색깔을
속으로만 파랗게 감추었다가
아주 시리어지면 그제사야 알록달록 채색하여
온화한 미소를 내보이며
조용히 떠날 준비를 합니다

사랑한다는 것은

어둠은 밝음을 향하여
밝음은 어둠을 향하여 비춤으로
서로가 소중한 존재로 양립 할 수 있습니다

따스한 바람은 찬 곳으로 흐르고
차가운 바람은 따스한 곳으로 흐르고 싶어 합니다

저 많은 사람 중에
한 사람을 사랑한다는 것은
우리가 이름 모를 별에서 왔기 때문일 것이며

누군가의 사랑은 달콤하고
누군가의 사랑은 씁쓸하지만
사랑한다는 것은 사랑하는 사람에게
그리워 붉어진 반쪽 마음을 열어주는 일이며

소중한 존재로서
서로가 서로의 곁에 바짝 붙어 서서

사랑하는 이의 해맑은 꿈을 함께 물들이는 일입니다
사랑하는 이의 고운 마음을 함께 헤이는 일입니다
사랑하는 이의 따스한 눈빛을 함께 닮는 일입니다
사랑하는 이의 애틋한 미소를 함께 나누는 일입니다

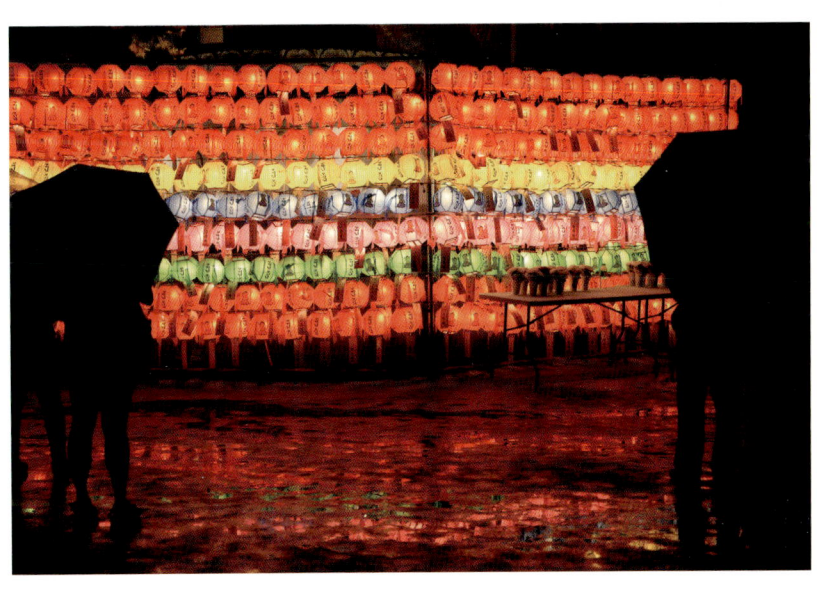

◆ 해설

토속적 정취 너머에서 AI가 열어가는
인정의 아방가르드
- 한종덕 시집 『가을 그리고 석양』의 시세계 -

정연수
(시인, 문학박사)

    한국 근대시사를 보면 1900년대 초 카페나 백화점, 전철이 전화 등의 문명을 담은 시작품을 모더니즘 등장으로 평가하면서 새 영역을 개척했다. 모더니즘이란 예술의 전통에서 탈피하여 새로운 기법과 정신을 추구하고, 현대적 생활을 새롭게 향유한다는 점에서 아방가르드적 속성을 지니고 있다. 조풍연 시인은 AI가 변혁시킨 세계를 실제 사업에 적용하는 ㈜메타빌드 대표이자, 변화의 세상을 일상의 시로 창작하여 보여주는 시인이라는 점에서 시와 삶이 모두 아방가르드적이다. 이번 시집 후반부는 지금까지 한국 시사에서 보지 못한 새로운 관점의 시가 등장한다. AI시대의 현상을 보여주는 「AI플랫폼MAIAUTO」, 「데이터허브DATAHUB」, 「메타빌드 METABUILD」 등의 작품도 신선하거니와 AI가 이끄는 세상을 그가 실제 담당하는 사업과 연계하여 구체적으로 전달하고 있다는 점에서 한국현대시사의 새로운 한 획이 그어지고 있다. "내가 가는 길/남이 가지 않은 길이라서/평탄하지 않은 길이고/새로움의 길"이라, "이 길은 가야만 할 길"(「내가 가는 길」)이라는 선언이 한국현대시에 던지는 화두 같아서 의미심장하다.

     시설이나 이동체에 설치된 다양한 센서·디바이스에서 감지된
    데이터를 실시간으로 수집·연계하여

고차원 시각화를 통해 현장감 있게 통합관제합니다

실제 · 실증 · 시험 도로상에서
자동차 · 자율차 · 셔틀버스 · 화물차 · 로봇카 · 드론 이동체의
현장-센터 간 차량별 거동, 교통 흐름, 돌발 이상 상황, 전파 · 비상 대응서비스를
'디지털트윈 교통플랫폼'으로 연계 · 통합하여 관제합니다

'디지털트윈 도시플랫폼'은 시티 · 빌딩 · 건설 서비스를
재생도시나 신도시 사업에 적용하여 통합관제 운영되고 있습니다

효율적인 디지털트윈 통합플랫폼을 구축하기 위해서
연계미들웨어, 데이터허브, AI플랫폼, 디지털트윈 등
상용제품 기술이 도입되어 운영됩니다
―「디지털트윈 교통 · 도시통합플랫폼교통 · 자율차 · 드론 · 도시 · 빌딩 · 건설」부분

    시어들도 그렇거니와 기존의 틀을 넘어선 시의 제목까지 AI첨단 세계를 문학으로 형상화하고 있다. 자율주행 자동차, 로봇, 드론 등은 일부분 우리 현실 속에 들어와 실용화했어도 도시통합플랫폼을 위해 작동하는 원리들은 여전히 낯설다. 연계미들웨어(Integration Middleware)는 다른 시스템 또는 애플리케이션 간의 통신과 데이터 교환을 원활하게 도와주는 소프트웨어이고, 데이터허브(Data Hub)는 기업이나 기관의 조직 내에서 다양한 데이터를 수집하고 통합 관리하는 중앙 집중식 데이터 플랫폼이다. AI플랫폼(AI Platform)은 인공지능 기술을 관리하기 위한 통합 환경을 제공하는데 데이터 처리, 모델 학습, 예측 분석 등을 지원하고 있다. 디지털트윈(Digital Twin)은 가상 시뮬레이션 기술을 통해 실제 시스템의 동작을 모니터링하고 예측하며, 문제를 해결하는 스마트 기법이다. "디지털트윈 도시플랫폼'은 시티 · 빌딩 · 건설 서비스를/재생도시나 신도시 사업에 적용하여 통합관제 운영되고 있습니다"라는 시 구절이 보여주는 세상을 구축하는 것이다. 디지털트윈은 도시 속에서 이뤄지는 안전 · 문화 · 교통 · 행정 등 모든 영역의 자원과 서비스를 분석하고 관리하는 시뮬레이

션을 시각적으로 구현하면서 최적의 도시생태를 만들어가고 있다. AI플랫폼이 가상과 현실을 넘나들면서 실생활의 미래 문제점까지 피드백하는 기술이 현실 속에 적용된다는 것도 놀랍지만, 시어로 등장하여 문학의 무대로 자리를 옮겼다는 것은 더 놀라운 일이다.

> 봄바람 불면/다랑논 개구리 소리에/잠 못 이루었다//빛 바랜 옛집엔/공허한 세월이/이끼로 자라 무성하고//환하게 반기던 미소/어디 다 가시었나/복사꽃만이 피어 붉다
> ―「옛집」 부분

> 어린 시절/별들이 하얗게 내리는 고향 산밭엔/산 내음을 흠뻑 먹음은/풋풋한 산수박이 주렁주렁 열렸다//깊은 산중의 초가집 원두막/졸리운 호롱불을 켜고/밤새 지새우다 지친 노부는/적막함에 잠이 들었다
> ―「원두막」 부분

> 초가집 앞마당에 멍석을 깔고/허기진 논배미에 어둑어둑 땅거미가 서성이면/쑥 연기 모깃불 피우고//밭에서 방금 따온/싱싱한 상추쌈이 차려진 저녁상에/집식구들이 빙 둘러앉아/지친 하루를 달랬다
> ―「한여름 밤의 추억」 부분

디지털트윈이 만든 AI의 메타세계를 접하다가 초가집과 호롱불이 등장하는 위의 작품을 읽으니 푸른별 지구의 한국민속촌에 온 듯하다. 양극의 시대를 시집 한 권에 담은 것은 AI 세계일수록 인정의 가치가 더 소중해지고 있다는 시인의 심성을 반영한 것일 테다. 「옛집」에서는 "환하게 반기던 미소/어디 다 가시었나"를 통해 세월 속에서 잃은 가족공동체를, 「원두막」에서는 "별들이 하얗게 내리는 고향 산밭"과 "풋풋한 산수박이 주렁주렁 열렸다"를 통해 오염되지 않은 순수한 자연의 정취를, 「한여름 밤의 추억」에서는 "저녁상에/집식구들이 빙 둘러앉아" 삶의 온기를 나누는 인간공동체를 드러낸다.

다정다감한 삶의 온기를 위해 '다랑논 개구리, 복사꽃, 고향 산밭, 산 내

음, 산수박, 초가집 원두막, 호롱불, 앞마당의 멍석, 모깃불' 등의 토속적 정취를 동원하고 있다. 이를 통해 시의 세계는 고요한 인정공동체로 들어선다. "다랑논 개구리 소리에/잠 못 이루"던 왁자지껄한 삶은 세월을 못 견디고 "복사꽃만이 피어 붉"(「옛집」)은 고요 속으로 침잠하는 것이다. "깊은 산중의 초가집 원두막" 역시 세월이 지나면서 "적막함에 잠이"(「원두막」) 드는 것이다. "쑥 연기 모깃불 피우고"(「한여름 밤의 추억」) 둘러앉은 가족의 역동적인 시간 역시 밤의 시간과 세월을 견디지 못하고 '한여름 밤의 추억'으로 물러나고 말았다.

조풍연 시인은 토속적 정취가 보여주는 전통적 가치와 휴머니즘을 새기면서 그 중심에 둔 것은 인정공동체이다. "환하게 반기던 미소"가 보여주는 환대와 "집식구들이 빙 둘러앉아/지쳐진 하루를 달"래는 위로는 레비나스의 타자윤리학이 중시한 환대의 개념이자, 한국인의 인정 공동체를 의미한다.

제석천엔 인드라 보배구슬 그물망이/서로를 밝게 비추며 끝없이 펼쳐져 있다고 합니다//문명의 발전은 끊임없이 연결하고/의식과 무의식 세계를 연결하고/현실과 디지털 세계를 연결하고/존재와 존재를 연결하고/사물과 사물을 연결하고/데이디의 데이터를 연결하고/존재하는 무엇인가와 연결해야 만이/우린 진화하고 살아남을 수 있습니다//존재한다는 것은 시작도 끝도 점이며/점과 점이 연결되어 선이 되고/선이 연결되어 면이/면이 모여 공간이 됩니다//우리의 모난 삶도/점에서 시작하여 점으로 끝나며/서로가 관계되어지고 연결되어야 존재할 수 있습니다//때로 잘못된 연결은 거추장스럽고 생채기를 내고/파멸로 이어지고 아프게도 하지만/좋은 연결은 서로가 좋은 힘이 되어 빛나고/새로운 희망을 만들어냅니다//얼굴에 주름살이 많을수록/이룬 것들이 많을수록/삶의 연결이 많은 것이며/기억의 공간도 큰 것입니다

―「연결Integration」 전문

AI가 만들어낸 세계의 핵심인 '연결'의 의미를 불교의 인드라망, 사회 속 인간끼리의 연결, 개인 내부적 삶의 연결 등 다양한 요소들을 통해 증명하고 있다. 이러한 증명 방식은 "현실과 디지털세계를 연결하고/존재와

존재를 연결하고/사물과 사물을 연결"하면서 AI세계를 설명하는 듯하지만, 실제적 의미는 인간다운 삶에 더 방점을 둔다. "우리의 모난 삶도/점에서 시작하여 점으로 끝나며/서로가 관계되어지고 연결되어야 존재할 수 있습니다"라는 구절에 이르면 진정한 인간관계가 소원해지는 현대인의 성찰이라는 것을 확인할 수 있다. 들뢰즈는 해체 속에서도 연결이 확장되는 리좀 구조를 이야기했고, 안토니오 네그리는 약한 고리점도 없이 세계가 연결되어 있는 '제국'의 형성을 이야기한 바 있다. 그런데도 오늘날 가까운 사람과 사람끼리의 연결고리마저 약화하는 현상은 아이러니이다. "때로 잘못된 연결은 거추장스럽고 생채기를 내고/파멸로 이어지고 아프게도 하지만/좋은 연결은 서로가 좋은 힘이 되어 빛나고/새로운 희망을 만들어 냅니다"라는 메시지는 AI 통합플랫폼을 구축하여 현실을 변화시키던 일상 속에서 우리 사회에 던지는 화두이기에 더 실감나게 다가온다.

> 우린 모두가 하나로 연결되어 있어서/혼자만으로는 살 수 없고/내가 있으므로 네가 있는 것이며/우린 무언가와 의미로 관계되어져 있어서/나는 네가 되고 너는 내가 되는 것입니다//하나로 연결되고 관계되어 있다는 것은/내가 싫은 것은 너도 싫고/나의 슬픔은 너의 슬픔이며/너의 기쁨은 나의 기쁨이 되는 것입니다//광자 하나를 두 개로 분리하여/서로 다른 먼 우주 공간에 떨어트려 놔도/서로 간에 연결되어 영향을 준다고 합니다//이것이 있으면 저것이 있고/저것이 소멸되면 이것도 소멸되고/하나 속에 일체가 있고/한순간은 무량한 시간으로 연결 됩니다//누군가가 흘린 눈물을 따뜻함으로 닦아주고/누군가의 아픔을 보듬어 녹여내 주면/시공간을 넘어서 서로가 서로를 위해/더욱 돈독한 관계로 존재하게 되는 것입니다
>
> －「관계」 전문

「관계」는 위에서 소개한 「연결」이란 작품과 쌍을 이룬다. 「연결」이 AI를 기반으로 하여 사람으로 나아간 것이라면, 「관계」는 불교적 사유를 기반으로 하여 사람의 삶을 중심에 놓고 다룬 작품이다. 연결과 관계는 조풍연 시인의 이번 시집을 관통하는 정신이자, AI플랫폼을 통해 세상을 변화시키는 직업세계의 핵심 기술이기도 하다. 인정공동체를 위해 가장 필요한

것으로 조풍연 시인이 꼽은 키워드는 '연결과 관계'였던 것이다.

> 수없이 많은 별들 가운데/이른 잠을 깨운 샛별 하나가/몇 해 전 우연히 나에게로 왔다//오늘도 총총히 반짝인다/뜨거운 체온/짙은 그리움의 목련꽃 순백으로//나의 젊은 추억들이/오래 전 나도 모르게/아주 먼 미지의 세계로 떠났듯이//우린 모두 그리움에 시려 아파하고/꼭 껴안지 못해 괴로워해도/결국은 별에서 와서 별로 돌아가는 것을//서로를 밝게 비춘다면/나는 너의 별이 되고/너는 나의 별이 되어//우린 영겁 속에 살아 숨쉬는 것//수없이 많은 별들 가운데/유성 하나가 긴 꼬리를 물고/산등성이로 떨어진다
>
> -「샛별」전문

나와 타자의 관계를 시간 속에서 규명하는 작품이다. "수없이 많은 별들 가운데/이른 잠을 깨운 샛별 하나가/몇 해 전 우연히 나에게로 왔다"는 것은 운명의 이야기이자 선택한 존재에 대한 새로운 발견이기도 하다. 타자와 만나 공동체를 이루는 과정에서 나와 타자는 별개의 존재가 아니다. "나는 너의 별이 되고/너는 나의 별이 되어"라는 구절에 나타나듯, 서로의 경계를 해체한다. 경계를 해체하도록 돕는 매개는 "서로를 밝게 비춘다면"이라는 전제적 단서이다. "수없이 많은 별들 가운데/유성 하나가 긴 꼬리를 물고/산등성이로 떨어진다"는 마지막 구절은 영겁의 시간 속에서도 이별의 때가 있다는 유한 존재의 메시지를 통해 삶과 존재의 가치를 강조하고 있다. '메멘토 모리', 즉 죽음을 기억하라는 메시지는 유한의 존재끼리 환대해야할 이유이기도 하다. 유성은 별의 죽음이지만, 동시에 진정한 별로 돌아가는 시간의 과정을 통해 유한의 존재가 지닌 허무를 극복하고 있다.

> 봄꽃이 아침에 화들짝 피어
> 강물에 아롱대더니
>
> 한나절도 못되어

하얀 절정을 거두고
애틋한 봄바람에 연연히 지고 있다

너는 떠날 때를 알면서
눈부시게 피어
미련 없이 휘이휘이 가건마는

훗날 준비되지 않은
나의 이별은
깊은 정으로 애절하리라

봄꽃놀이 나루터에
인적은 끊이고

깊어가는 봄밤
샛강 너머 버들피리 소리에
나만은 잠 못 들어라

-「낙화」전문

서정성이 짙은 작품으로 시의 미학적 관점에서 보아도 완성도가 높다. 회한과 그리움의 정서가 그리움이 되기도 하고, 상처가 되기도 하고, 새로운 삶을 준비하는 과정이 되기도 한다. 이번 시집 곳곳에서 "목련꽃 뚝뚝 지는 날/나의 청춘도/봄바람에 지고 있다"(「목련꽃」)라든가, "무정한 봄날은/벌써 저만큼/하얗게 지고 있다"(「산벚꽃」)에서처럼 서정적 미학이 가득한 구절이 보인다. 이러한 서정성은 전통에 대한 긍정적 가치를 부여하고, 공동체를 향한 시인의 따뜻한 애정을 드러내면서 휴머니즘 정신을 강화한다. "산마을 저 멀리/굴뚝 연기 피어오르는/눈 덮인 들판에 서면//살면서 흔들리고 맺힌 것들조차/텅 비워져/하얘져서 좋아라"(「발자국」)에서 전통의 삶과 서정을 버무리면서 존재의미를 탐색하는 것도 그런 방식의 하나이다. 흔들리는 삶의 의미와 비우는 가치를 통해 공동체의 갈등을 위한 해법을 우회적으로 제시하는 것이다. "복을 나누면 나눌수록/등불같이 커지는 날"(「설날」)은 전통의 가치와 공동체의 가치를 함께 전달한다. 공동체를 강조하는 것은 또 다른 시, "좋은 인연 만들고/좋은 사랑하고/좋은 일 하고/좋은 행운 오게 하고"(「좋은 날」)에서도 잘 드러난다.

찔레꽃 피면/뜸 북새 울음소리 서러워서/봄날은 가고//자식 걱정에/정화수 떠놓고/일심 정성이셨던 어머니

─「정화수」 부분

봄바람 불면/뿌연 황사 넘실대고/군무하는 청 보리밭//겨우내 째고 삼고 짜고/정성들여 짜 논/고운 삼베 팔러 가는 날엔/어머니 광주리에/한숨만/가득 이고 가지요

─「장날」 부분

한여름 내내 그을린/굽어진 허리/거친 손마디//(중략)//저무는 해무리 이고/소 깔 잔뜩 베어/지게 지고 오실 때에는

─「아비지」 부분

부모에 대한 그리움을 녹여내는 방식도 토속정 정취를 통해 작동한다. 부모에 대한 그리움은 고향에 대한 그리움으로 확장하고, 이는 토속성과 전통적 정취에 대한 그리움으로 확장한다. 연어가 회귀하듯, 옛 시간을 그리워하면서 인간의 본연을 돌아보는 것이다. AI의 연결과 관계 의미를 실생활 속에 현실화하는 조 시인이 포스트 휴먼의 세상을 준비하는 가장 최적의 정서로 고향에 대한 그리움과 인정 공동체를 내세운 셈이다. "상호간 따뜻한 마음으로 소통하고 존중하고/임직원 모두 통찰력을 갖고 하나가 되어 협력"(「메타빌드METABUILD」)하는 경영 이념을 통해서도 조풍연 시인이 지향하는 인정공동체는 명징하게 드러난다.

대중들이 일상에서 사용하는 페이스북이 지난 2021년 회사명을 '메타'로 바꾸었듯, 메타버스는 이미 우리 일상 속에 들어와 있다. 1990년대 인

터넷 등장, 2000년대 스마트폰 등장으로 우리는 호모디지쿠스(Homodigicus, 디지털 시대 신인류)로 등극했다. 그 이전의 인류와는 다른 방식으로 세상을 살아가는 것이다. 그런데 최근에는 메타로 상징되는 AI가 가져온 새로운 문명이 등장했고, 2023년 봄에는 챗GPT가 등장하면서 세상의 변화를 재촉하고 있다. 변화의 속도는 인간이 상상하는 것 이상이라는 것이다. 앞서서 세상을 변화시키면서 이끄는 그 실천적 대열의 선두에 조풍연 시인이 있다는 점을 우리 문단이 주목해야 한다.

그는 시인의 말에서 고백하듯, "초거대 자연어 인공지능 시대에 끊임없는 초월기술 경쟁에 진화해야 존재할 수 있고, 찾고 연결하고 엮이고 맺히고 아파하지 않고는 하나도 이루기 힘든" 일상을 시적 언어로 들려주었다. 세상의 변화를 온몸으로 맞서 이끌면서, 인간의 참 존재가 가져야할 가치들을 내밀하게 탐구한 시적 정신에 경의를 보낸다. 『화성에서 온 꿈나무 오름』은 화성으로 가는 꿈이 아니라, 화성에서 다가온 현실을 상징하는 듯하다. 시인의 말에서 "척박한 화성인의 삶"이라고 했는데, 그의 시가 전달하게 세계는 우리 문단의 척박한 시의 영토를 확장하는 데로까지 나아가고 있다. "바꾸지 않으면 아무것도 이룰 수 없는/모두가 너무 무섭고 진저리나는/길고 긴 투혼의 시간들"(「화성에서 온 꿈나무 오름」)은 참으로 절절한 울림이다. 학계에서는 디지털휴먼에 이어 포스트휴먼의 세상까지 다루면서 곧 다가올 미래를 준비하고 있는데, AI세계에 앞서 생활하는 조풍연 시인은 디지털 발전과 달리 우리가 잊어서는 안 될 휴머니즘의 가치를 함께 제시하고 있다. 전통의 가치와 새로운 AI 문명의 의미가 접점을 이루는 동안 이 시집은 한국문학사의 새로운 이정표를 제시할 것이다.

순수시선 674

화성에서 온 꿈나무 오름

조풍연 지음

2023. 12. 20. 초판
2023. 12. 29. 발행

발행처 · 순수문학사
출판주간 · 朴永河
등   록 제2-1572호

서울 중구 퇴계로48길 11 협성BD 202호
TEL (02) 2277-6637~8
FAX (02) 2279-7995
E-mail ; seonsookr@hanmail.net

· 저자와의 합의하에 인지를 생략함
· 잘못된 책은 바꾸어 드립니다

ISBN 979-11-91153-59-0

가격 20,000원